AF378085

Javier Savin y Joan Piñol

El maestro

Diez lecciones sobre la vida, la muerte y el amor

Sumario

Carta al lector

Querido lector, permítenos darte la bienvenida a esta historia que compartimos con la intención de ayudar a tantas personas como sea posible a transitar por la vida en los momentos que resultan más complicados.

La vida está compuesta, por un lado, por una serie de casualidades y, por el otro, por el resultado de lo que hacemos con ellas.

Nadie elige a sus padres, el lugar en el que nace, su propensión a enfermar o el color de sus ojos...; todo eso es fruto de la casualidad y nos pondrá en una u otra situación que hará más o menos fácil este viaje por la vida. Pero, afortunadamente, a medida que tomamos conciencia de nuestra propia identidad, tenemos cada vez más posibilidades a la hora de decidir qué hacer con cada una de estas bromas del destino. Cuánto tiempo pasamos con las personas que el azar ha puesto en nuestra vida, dónde vivir e incluso a qué dedicar la mayor parte de nuestro tiempo.

Fue precisamente la casualidad la que nos unió a los autores de este libro, la que nos hizo conocer al editor que apuesta por nuestras obras y es esa misma casualidad la que ha puesto este libro en tus manos (quizás atraído por su portada, como respuesta a una recomendación o por ser el regalo de alguien que te quiere y cree que te puede ayudar).

Si decides leerlo, durante las siguientes páginas conocerás a un auténtico maestro que, con su sabiduría y generosidad, va mostrando poco a poco el camino de vuelta a quien parecía haber olvidado lo que hace que la vida merezca la pena.

Por un lado, está la historia que te acerca a las dificultades de los protagonistas; seguro que te resultarán familiares muchas de ellas. Por otro, están los recursos que a lo largo de los años de práctica clínica psicológica hemos aprendido y compartimos contigo, para que puedas recurrir a ellos cuando los necesites.

No nos queda más que desearte que disfrutes de una entretenida lectura y que las herramientas psicológicas que compartimos aquí te acompañen y sirvan de ahora en adelante.

GRATITUD: Consiste en apreciar los aspectos (no materialistas) de la vida y la voluntad de reconocer que los demás desempeñan un papel fundamental en nuestro bienestar emocional.

Agradecimientos

A los que ya no están, a los que están y a los que estarán.

Gracias a nuestra familia y compañeros por su apoyo inquebrantable a lo largo de este viaje.

Gracias a todos los que nos han ayudado con su lectura a enriquecer este libro con su conocimiento y buenos consejos.

Gracias a todos los lectores de nuestros libros y a nuestro editor por confiar en nosotros desde el primer día que iniciamos este maravilloso proyecto de divulgar el bienestar, ayudar a los demás y enseñar parte de nuestra profesión en un relato.

Gracias a todos de corazón.
¡Sois nuestro faro!

Introducción: la situación

Querido lector, este libro, *El maestro*, es la continuación de *El aprendiz de farero*. Si te has decidido a leerlo para continuar sabiendo acerca de sus protagonistas, deseamos que lo disfrutes y que las lecciones que en este compartimos te sirvan para ampliar las del libro anterior y continuar creciendo día a día.

Si, por el contrario, te has decidido a leer *El maestro* sin haber leído el primero o tienes ya lejana la lectura del primero, debes saber que, por sí solo, puede entenderse perfectamente.

De todos modos, te dejamos un breve resumen para que puedas situar el relato en su contexto y conocer a uno de los personajes del primer libro al que se hace referencia en varias ocasiones.

El aprendiz de farero narra la historia de un joven llamado Javi que, tras sufrir un ataque de pánico por estrés o angustia en su puesto de trabajo, se replantea toda su vida y toma la decisión de dejar su empleo en una importante empresa para ir a vivir y trabajar a un remoto faro en el que aprenderá el oficio de farero.

El ataque de pánico o crisis de angustia es el conjunto de síntomas físicos y cognitivos, entre los que destacaríamos un ritmo acelerado del corazón, una respiración rápida y superficial, mareos, pensamientos relacionados con la pérdida de control o el miedo.

Raramente tiene una duración superior a veinte minutos, aunque la intensidad de todos estos síntomas provoca la sensación de que ha durado mucho más tiempo.

Estas crisis de angustia pueden venir como consecuencia de que estamos en una situación que podría ponernos en riesgo; por ejemplo, en un lugar abarrotado, con difícil escapatoria; o también como consecuencia de darle una importancia exagerada a algunas de nuestras sensaciones o pensamientos.

Muchas veces, acabamos generalizando los pensamientos que nos hacen creer que nos encontramos en riesgo. Además, estas crisis de angustia, en caso de no ser tratadas correctamente, se pueden ir dando con mayor frecuencia y cada vez ante más estímulos.

Fueron todas estas sensaciones las que hicieron que nuestro protagonista decidiera cambiar de vida. Si quieres conocer los motivos que hicieron que Javi se sintiera en peligro, puedes leer *El aprendiz de farero*.

Una vez en el faro, Javi conoce a Juan, por aquel entonces el farero oficial. Juan era un hombre sabio que había tenido una vida muy interesante como directivo de éxito en grandes empresas antes de acabar viviendo y trabajando en ese apartado lugar.

Juan le enseña a Javi «las quince lecciones» que le permitirán vivir en el faro y disfrutar de la vida. Las encontrarás en *El aprendiz de farero* y estamos seguros de que te ayudarán a disfrutar de la vida tanto como a Javi y a todos sus lectores.

Tras algunos acontecimientos, Javi se propone cuidar de su amado faro y difundir las lecciones de Juan a tantas personas como le sea posible.

1. Perder

Habían pasado ya algunos años desde la muerte de Juan, mi maestro farero. Durante algún tiempo, perder a Juan condicionó por completo mi existencia; pasé, una tras otra, por cada una de las fases del duelo.

Por si no estás familiarizado con las distintas fases, y con el objetivo de que puedas entender cómo se fue dando mi transformación, te dejo unos breves apuntes que las describen de manera resumida.

El hecho de que me encontrase solo en el faro hizo que la experiencia de pasar por cada una de ellas fuera muy intensa a la vez que reveladora.

Existen varios manuales y, según cada uno de ellos, nos pueden hablar de más o menos fases del duelo; pero la mayoría de los textos y prácticamente todos los psicólogos que trabajamos el duelo y la pérdida estamos de acuerdo en las siguientes:

La primera de las fases es la **negación**. Quien está sufriendo por la muerte de un ser querido puede negar que en realidad esta haya llegado a ocurrir, algo que ocurre sobre todo cuando alguien desaparece de repente o en muertes repentinas en las que los allegados no pueden despedirse. En estos casos, no poder celebrar una ceremonia, no poder ver el cuerpo de la persona fallecida o la sensación de que todo carece de sentido puede provocar el pensamiento de que la persona no está realmente muerta. Sin embargo, cuando sí tenemos oportunidad de ver a la persona por última vez o cuando el final no ha llegado por sorpresa, no se pone en duda la defunción, sino que lo que se niega es que la vida ha cambiado. Seguro que conoces a personas, incluso es posible que te haya pasado a ti, que tras la muerte de un ser querido no han tomado las decisiones lógicas teniendo en cuenta que muchas cosas ya no iban a volver a ser como antes: mantener intacta la habitación de quien ya no volverá a dormir en ella, conservar objetos que seguro que no van a utilizarse nunca más o guardar montañas de ropa o zapatos. Incluso en muchas ocasiones se mantienen rutinas, como preparar más comida de la cuenta o tener algún producto que quien falleció solía consumir y que a nosotros no nos gusta. En resumen, seguir haciendo las cosas de un modo que, en caso de ser plenamente conscientes de que esta persona ha fallecido y por desgracia ya no va a volver, carecen completamente de sentido.

Para ayudar a superar la fase de negación, en ocasiones, es bueno no ocultar el poco sentido de determinadas conductas una vez que la persona haya fallecido, ya que por más que conserves la habitación, tal y como a él o a ella le gustaba, no volverá a disfrutarla.

En adelante, iré describiéndote el resto de las fases.

Yo, naturalmente, también inicié mi travesía por el duelo y en un primer momento viví la pérdida desde la negación. No negaba su muerte, de sobra sabía que Juan había fallecido. Fue todo demasiado cruel y evidente como para poder negarlo.

Encontré su cuerpo, gestioné un velatorio de lo más secreto, tal y como él me indicó, algo que en ese momento no fui capaz de comprender.

Lo que en realidad estaba negando eran las consecuencias de su muerte y no que esta hubiera tenido lugar.

Tardé mucho en cambiar la programación de las tareas, seguía con un plan que era imposible cumplir estando solo en el faro, continuaba preparando cafés para dos, comida de más, reservando su habitación y no le decía a nadie que Juan había muerto, a menos que me lo preguntaran directamente. De hecho, apenas hablaba de él a nadie, incluso hacía lo posible por ni siquiera pensar en él, intentaba por todos los medios olvidar el sufrimiento que su pérdida me había supuesto. Poco a poco, y sin ni siquiera darme cuenta, fui ocultando cualquier cosa que me pudiera recordar su existencia para poder llegar a soportar el terrible dolor que me provocaba su ausencia. La puerta de su habitación siempre cerrada, las pocas fotografías que tenía de él fueron a parar a cajones que intentaba no abrir;

pero por más que me lo propusiera era imposible no tenerle presente, todo en el faro me recordaba a Juan. De hecho, él era el faro y no había absolutamente nada que yo hiciera allí que no hubiera aprendido de él.

Este esfuerzo por no sentir su pérdida iba siempre acompañado de algo que me hacía darme cuenta de que por más que lo intentara no podía huir del sentimiento que me provocaba la muerte de Juan. Por más que lo intentara, una y otra vez, no conseguía terminar lo que me había programado para cada jornada: el café quedaba frío, la comida se estropeaba por haber hecho de más, tenía la sensación de ir siempre tarde y sentía que no cubría las necesidades del faro. Además, estaba convencido que todos –marineros, vecinos del pueblo o aquellos que habían tenido la oportunidad de conocer a Juan– pensaban que yo nunca estaría a su altura, pues él era el auténtico farero; yo era tan solo un impostor que se esforzaba en destrozar un legado que en realidad no le pertenecía.

En apariencia estaba bien, cualquiera que me viera podía pensar que apenas sentía la pérdida de mi amigo y mentor; pero la realidad era muy diferente: no es que no sintiera la pena, es que hacía malabares para no pensar en ello.

Detrás de este duelo, a los ojos de todos bien llevado, se escondía mi incapacidad para ni siquiera iniciarlo.

Negar que nada volvería a ser igual, que muchas cosas tenían que cambiar y que yo no podía llevar el faro tal y como lo hacía mi antecesor eran las únicas maneras que se me ocurrían de seguir adelante.

La siguiente de las fases del duelo es la **ira**, la ira ante la injusticia, ante el enfado que nos produce la propia pérdida; incluso a veces sentimos ira hacia nosotros, por no haber dedicado el tiempo o la atención que nos hubiera gustado a quien ya no podemos volver a ver. También ira hacia el personal sanitario, incluso en muchos casos hacia quien ha muerto.

La ira suele llevarnos a mostrar conductas que interfieren en nuestras relaciones. Para ayudar a las personas de nuestro entorno a superar la ira es bueno marcar unos límites. De este modo, nuestro cariño, afecto y comprensión serán incondicionales, sin embargo, nuestra compañía dependerá de cómo se comportan los demás.

Poco a poco, me fui volviendo huraño, pasaba la mayor parte del día enfadado. Estaba enfadado con Juan por no haberme dicho desde el primer momento que estaba enfermo y que en realidad me estaba enseñando el oficio de farero para que yo continuara cuidando el faro tras su muerte y no tras su jubilación, que era lo que yo creía. Sentía ira también hacia mí por ser incapaz de cumplir con las exigencias del faro, estaba enfadado con todas las personas que de un modo u otro se habían relacionado con nosotros durante los últimos años, ya que pensaba que ahora que estaba solo tendrían que estar más pendientes de cómo me encontraba, aunque lo cierto es que, cuando alguno se interesaba por mí, solía contestar de manera muy seca e incluso maleducada.

Hay quienes se quedan en la ira para siempre. Seguro que conoces a alguien con carácter agrio que te dice que antes no era así. Las injusticias terminan por enfadarnos y no hay nada más injusto que la muerte de quien queremos.

El caso es que, aunque de la negación uno puede salir solo –ya que llega un momento en el que te das cuenta de que, por más que no te guste, las cosas han cambiado y no volverán a ser igual–, para salir de la ira necesitamos de los demás. La rabia se retroalimenta y crece, es en este momento en el que, si quienes se relacionan contigo empiezan a dejarte de lado, terminas por convencerte de que haces bien en estar enfadado, y si, por el contrario, para que no te enfades más te dan la razón en todo, sin quererlo, terminas por instalarte en un enfado que aunque incómodo te resulta útil.

El caso es que mi trabajo me hace relacionarme con gente de mar, y esos viejos son unos zorros: rudos en sus maneras, pero de noble corazón. No se amedrentan porque tú estés enfadado ni se ofenden con facilidad, este es el mejor modo de tratar a quien se encuentra en la fase de la ira: «No te tolero que me faltes, pero siempre que me trates con respeto podrás contar conmigo».

Poco a poco, me di cuenta de que no podía seguir estando siempre enfadado, que no me ayudaba y molestaba a los demás.

La siguiente fase del duelo es la **pena**. Ya no tenemos la energía que nos da la ira, ni su impulsividad, ni la falta de empatía hacia la gente de nuestro entorno.

Somos, por fin, plenamente conscientes de que esta pérdida es irreparable y esto nos entristece y nos lleva a aislarnos socialmente, comer menos, beber menos agua, a evadirnos, a descuidar nuestra propia imagen, etc. Son conductas que acentúan aún más la falta de energía y el aislamiento social.

Para ayudar a las personas que se encuentran en fase de tristeza, debemos hacerles saber de nuestra presencia y proponerles planes que antes solían disfrutar y que consideramos que pueden estar a su alcance.

Cuando ves que no sirve de nada estar enfadado es cuando aparece la pena. Primero lo hace de manera sutil, lo hace incluso confundiéndose con el enfado, uno mismo no sabe muy bien si está triste o enfadado; unas veces gritas de tristeza y otras lloras de rabia.

Seguro que has conocido a algún viejo gruñón que, cuando le has preguntado por el motivo de su enfado, te ha dicho sin dudarlo un momento que estaba muy enfadado porque apenas veía a sus hijos o a sus nietos. Aunque lo parezca, esto no es enfado; es tristeza, expresada con gritos y malos modos.

Todos tenemos algo de ese niño que fuimos y de ese anciano en el que nos convertiremos y, durante el duelo, nuestro niño y nuestro anciano aparecen mostrándonos tristes ante la injusticia o enfadados por la pérdida.

Uno de los problemas de expresar las emociones de manera equivocada es que prepara a nuestro cuerpo para lo que no necesita. Cuando sentimos ira, el corazón se acelera, la adrenalina aumenta, nuestra cara se enrojece y el flujo sanguíneo en las manos aumenta, y cuando sentimos tristeza nuestro metabolismo se vuelve más lento, se reducen nuestros niveles de energía con el objetivo de crear un estado de ánimo que facilite la asimilación de esta nueva situación tras la pérdida.

Solo quienes están muy entrenados son capaces de leer bien las emociones de las personas que no saben lo que sienten. Si alguna vez quieres ayudar a alguien y no entiendes su reacción, basta con preguntarle: «¿Qué te hace sentir así?», y analizar el motivo en lugar de la reacción. En este caso, se trata de encontrar el porqué de su emoción en lugar del para qué de su reacción.

Eran muchas las preguntas que me repetía una y otra vez y que no hacían más que aumentar mi aflicción: ¿qué sentido tiene la vida?, ¿por qué hacerse amigo de alguien si puede morir y eso te causará de nuevo un dolor casi insoportable?, etc.

Cada vez me costaba más levantarme, vestirme, apenas comía, dejé de hacer todo lo que antes tanto había disfrutado: la meditación, los paseos, cocinar alguna comida sabrosa, las largas conversaciones con algún capitán de barco que pasaba cerca del faro…

Poco a poco, los días se convirtieron en rutina, hacía las tareas del faro por responsabilidad, pero había perdido por completo la pasión por mi trabajo. Ese sentimiento de ser feliz trabajando y de sentirme completo había dado paso a una manera de entender el trabajo más propia de alguno de los valores medievales: «sufrir en esta vida para disfrutar en la siguiente».

Renunciaba a ser feliz, y eso me limitaba a hacer lo que era mi deber, a cumplir con mi obligación, pero no podía dejar de pensar en lo mucho que había disfrutado en el faro con mi amigo Juan. Yo ya había conocido la felicidad en el trabajo y, por más que lo intentara, me resultaba imposible aceptar este modo de vivir que consistía en tan solo sobrevivir.

Días largos y noches tristes. No me avergüenza decir que eran muchas las noches que conciliaba el sueño cuando el agotamiento vencía a la pena, algunas veces seco de lágrimas de tanto llorar.

Afortunadamente, mi compromiso con el faro y los barcos no me permitía rendirme del todo. Estoy seguro de que, si no hubiera sido por las obligaciones que me forzaban a levantarme de la cama cada mañana, hubiera terminado por caer en la más profunda de las depresiones.

Y no estoy utilizando la palabra «depresión» a la ligera, sino en toda su extensión. Para hablar de la depresión y de la tristeza, es necesario encontrar su origen evolutivo.

Estarás de acuerdo conmigo en que las emociones no son exclusivas de los seres humanos. ¿Has visto a los perros alegrarse porque llega su dueño? ¿A caballos tristes porque hace tiempo que no pasean? ¿A gatos enfadados? Esto nos hace ver que las emociones no son exclusivas del ser humano, y que desde luego no son algo moderno. De modo que, si queremos conocer el significado y el motivo de cada emoción, es necesario acudir a nuestros más lejanos antepasados.

¿Qué podía enfadar a nuestros antepasados? Les podía enfadar, por ejemplo, que les robasen la cosecha o les ocuparan la cueva, o que alguien intentara hacer daño a un miembro de su tribu. El enfado es la consecuencia de un abuso, y cuando esto ocurre la pupila se contrae para centrar la atención en el objetivo: el enemigo, el corazón se acelera, la respiración se vuelve rápida y superficial, y una gran oleada de energía va a parar a los brazos, lo que a nuestros antepasados les permitiría responder con violencia ante quien intentara hacerles daño o robarles.

Hoy en día, los abusos no suelen consistir en que nos roben la cosecha y la mejor respuesta no suele ser la violencia pero, por desgracia, nuestro cuerpo continúa reaccionando de la misma manera a los abusos: contrayendo la pupila, acelerando el corazón y con una respiración rápida y superficial que nos prepara para la pelea.

Pero ¿y la pena? ¿Qué ponía tristes a nuestros antepasados? La pena solía ser la consecuencia de una pérdida no esperada, por ejemplo, la muerte. Estas muertes muy probablemente se producían a manos de enemigos más fuertes o numerosos o por el ataque de depredadores.

La pena nos provoca la reacción contraria a la ira: disminuye nuestra energía y nos quita el apetito e incluso las ganas de beber. Nuestros antepasados debían de ocultarse en la cueva más profunda, casi enterrándose en vida; la falta de energía , perder el apetito y no sentir la necesidad de beber les permitiría permanecer escondidos hasta que hubiera pasado el peligro.

Hoy sentimos pena por otros motivos. A veces es por una ruptura amorosa, a veces por un despido o por la muerte de un ser querido, por culpa de una enfermedad o de un accidente, no como consecuencia del ataque de una tribu enemiga o de un depredador. La respuesta más adaptativa es intentar recuperar aquello que podamos tras la pérdida.

A Juan ni lo mató una tribu, ni se lo comió un león, pero mi instinto al poco de su muerte era el mismo que el de nuestros parientes de las cavernas: lo que me apetecía era meterme en una cueva y no volver a salir jamás. Era la enorme responsabilidad que sentía por cuidar el faro, que protegía con su haz de luz a las embarcaciones, la que me forzaba a vencer el dolor tras la muerte de mi amigo y cuidar de esa atalaya con un foco en su cúspide.

Como ves, aunque la emoción es la misma, la estrategia para hacer frente a la situación que nos provoca la pérdida tiene que ser completamente distinta. Ahora la pérdida no se supera escondiéndonos, sino que debemos hacer lo posible por volver a hacer aquello que antes daba sentido a nuestra existencia. Por desgracia, el cuerpo reacciona para prepararnos para luchar o para ocultarnos, en lugar de hacerlo para razonar y marcar límites, en el primer caso, o para aceptar la emoción y continuar con nuestra vida, en el segundo.

La palabra *depresión* viene del latín y la podríamos traducir por «opresión» o «abatimiento». Según el *Manual diagnóstico y estadístico de los trastornos mentales* (DSM, por sus siglas en inglés), las características principales de la depresión son: el estado de ánimo bajo la mayor parte del día, disminución importante del interés o del placer por todas o casi todas las actividades, fatiga o pérdida de la energía y disminución de la capacidad para pensar y concentrarse, entre otras. Todo ello acaba perjudicando tanto en lo personal como en lo profesional.

Según la Organización Mundial de la Salud (OMS), alrededor de 350 millones de personas padecen depresión, y yo estuve muy a punto de ser una más. Hasta que, poco a poco, empecé a sentir que de nuevo todo iba cobrando sentido: tanto la existencia de mi viejo amigo Juan como su pronta pérdida, lo que me permitió recuperar la paz.

No podía seguir lamentándome, me estaba traicionando a mí mismo y estaba traicionando el recuerdo de mi amigo. Llegué al faro descontento con una sociedad que me obligaba a trabajar sin descanso, que no me permitía ser yo mismo, y ahora que no podía culpar a nadie, estaba incluso peor que cuando tomé la decisión de marcharme de la ciudad en busca del sentido de mi existencia.

Para algunos, la última y, para otros, la penúltima de las fases del duelo, es la **aceptación**, que consiste en recuperar las conductas anteriores a la pérdida y mantener intacto el dolor por esta.

El duelo saludable es aquel en el que uno se permite sentir y busca la compañía y el apoyo de sus seres queridos cuando lo necesita. También toma decisiones coherentes y racionales con su nueva situación e incluso, en el mejor de los casos, es capaz de introducir cambios en su vida que le puedan permitir mejorar en algún aspecto.

Quienes no suelen hablar de la persona difunta, ya que para ellos es un tema tabú, no se encuentran en aceptación. La aceptación implica hacer sin dejar de sentir. Incluso hay un grupo de personas –y este es el verdadero reto– que van más allá en la gestión del duelo y consiguen transformar el dolor por la pérdida en energía para el cambio, para modificar todo aquello que depende de ellos y puede mejorar en algo su vida.

En líneas generales, la vida no es mejor, ya que la pérdida es irreparable, pero puede mejorarse la alimentación, las prioridades o dedicar más tiempo a viajar. Cosas que, a pesar de fallecer alguien importante, se pueden continuar haciendo o empezar a hacer.

No todas las personas transitan hasta el final del camino y algunas terminan estancadas en fases anteriores a la aceptación. Estos son los casos de duelo patológico, aquellos que tienen una duración más larga de lo que cabría esperar. El duelo, aunque varía en cada caso, suele durar entre varios meses y un año.

Otras alarmas que deben hacer pensar en pedir ayuda son tener un malestar muy importante o sentir la incapacidad para dormir, descansar, asearse, cuidar la propia imagen, alimentarse correctamente o relacionarse con compañeros y amigos.

Juan vivió solo en el faro durante muchos años antes de mi llegada y de sobra sé que se sentía muy orgulloso de ello. Él me preparó para esto y confiaba en que podía lograrlo.

El reto era enorme: ser capaz no tan solo de sobrevivir, sino de hacerlo sintiéndome bien conmigo mismo, tenía que ser como un Robinson Crusoe o como si fuera el último hombre en la tierra. El contacto con otras personas no era frecuente y no podía seguir dependiendo de ello para mi bienestar, ya que esto me provocaba mucha frustración.

Cambié por completo mi manera de entender la vida. Tenía que ser autosuficiente, pero no solo en lo físico, sino también en lo emocional. Así que, pasados los momentos más duros del duelo, inicié una nueva etapa viviendo como un ermitaño, dedicando la mayor parte del tiempo a la contemplación, las plegarias y al trabajo. Me convertí en un auténtico y solitario asceta.

Ser capaz de gestionar por mí mismo mis nervios fue clave en este proceso, así que aprendí a favorecer mi relajación. Recordé que son muchos los beneficios de esta práctica.

Por si no los conoces, te destaco algunos:

- Reduce los niveles de cortisol, hormona muy relacionada con el estrés.
- Mejora la autoestima.
- Favorece una buena calidad del sueño
- Disminuye la tensión arterial.
- Mejora el estado de ánimo.
- Favorece la concentración

Ese fue el mejor modo que encontré para vaciarme por completo antes de poder reconstruirme de nuevo.

Tras algunos meses de negociar con mis emociones, recuperé de nuevo la calma y empecé a vivir tal y como Juan, mi maestro, me había enseñado.

Cuando uno se encuentra sin el secuestro propio de los nervios, puede identificar la emoción correcta que siente, independientemente de la emoción que exprese.

La emoción surge porque ha habido un motivo, ya sea real o imaginado, pero hay que plantearse por qué el cuerpo responde de un modo determinado, qué persigue o qué pretende.

La tenue luz de los primeros rayos de la mañana marcaba el inicio de mi jornada. Ya no sentía ilusión por empezar el día, pero tampoco tristeza; lo cierto es que apenas sentía. Solo acumulaba pensamientos, uno detrás del otro, rumiaciones vacías de emoción que no tenían ninguna utilidad.

Hay muchos tipos de pensamientos y cada uno de ellos influirá de manera distinta en tu estado de ánimo y en tu conducta. Aprender a diferenciarlos resulta muy útil cuando necesitamos poner en orden nuestras ideas, tanto como yo lo necesitaba en ese momento.

Los pensamientos son todas aquellas ideas que surgen en nuestra mente como consecuencia de diferentes procesos mentales, a veces voluntarios y otras veces involuntarios, y que nos permiten percibir el mundo que nos rodea, recordar sucesos del pasado y anticipar otros que pueden darse, o no, en el futuro.

Estos pensamientos los alimentan nuestros sentidos y se ven influidos, de manera muy importante, por nuestras emociones. Pensar acerca de cómo pensamos –metapensamiento– nos permite tomar un poco de distancia, analizar los pensamientos de manera objetiva y retomar el control sobre ellos. Cuando uno está tan solo como yo lo estaba, ser capaz de ser crítico con las propias ideas puede ser la diferencia entre aprender de lo sucedido o enloquecer por ello.

2. Renacer

Tras lavarme la cara y los dientes, solía tomarme el café junto al acantilado, ese mismo acantilado que me hizo sentir vivo el primer día que pasé en el faro. No eran pocas las mañanas en las que la idea de dar un paso de más al llegar a donde terminaba la tierra se cruzaba por mi cabeza. Afortunadamente, a esas alturas, ya conocía el modo de dirigir mis pensamientos hacia planes mucho más seguros. Para nada quería pensar este tipo de cosas, eran ideas que se cruzaban fugazmente por mi mente –de forma consciente, y aunque completamente involuntaria–, ahí estaban.

> Las ideas son el resultado del proceso mental, como consecuencia de la interrelación entre la percepción, la atención y la memoria, que dan lugar a la interpretación de lo que nos sucede proporcionándole un significado y sacando conclusiones.
>
> El pensamiento y la imaginación se ven muy condicionados por lo que conocemos, como los hábitos cognitivos, que dependerán de nuestra historia de vida y referentes,

ya sean personas cercanas (padres, profesores, entrenadores) o también los libros, las películas, la música y todo aquello que escogemos o nos vemos forzados a atender y que condicionan de algún modo cómo vemos el mundo.

Las emociones y la cultura con las que hemos sido criados, así como la religión, son otros de los factores que también influirán de manera muy importante en nuestro modo de pensar.

La idea de ese paso de más era muy dolorosa y nada tenía que ver con lo que yo de manera consciente quería hacer. Allí no participaba mi voluntad, que es la capacidad que tenemos las personas de escoger entre varias acciones. Seguir o detenerme antes de precipitarme, debía pasar la conducta por encima de la emoción. Podía apetecerme hacer una cosa, pero con voluntad era capaz de hacer aquella que más me convenía.

«Soy lo que decido hacer y no lo que en un momento puntual puede pasar por mi cabeza. No tengo motivos para sentirme culpable por pensar lo que no quiero pensar; yo decido lo que en realidad quiero hacer, y es seguir viviendo y luchar por hacerlo de la mejor manera posible». Eran algunas de las frases que me repetía a diario.

Este ser capaces de imponer nuestra voluntad, más allá de pensamientos condicionados por la educación, la cultura, la religión e incluso las emociones, hace referencia a uno de los privilegios de los seres humanos, que no es otro que el libre albedrío, la posibilidad de escoger cómo y cuándo actuar, de no tener un futuro impuesto.

La persona, más allá del instinto, es capaz de imponer su conducta con determinación.

La mera idea de quitarme la vida me provocaba un malestar enorme, pero solo era eso: una idea, un pensamiento.

Los pensamientos pueden diferenciarse en conscientes e inconscientes.

Los conscientes son los que procesamos y aquellos que generan ideas a las que prestamos atención. Pueden ser racionales o irracionales, acertados o falsos, prudentes o exagerados. También pueden tomar forma de amenaza, de sentencia, o ser un reflejo de un pasado que no tiene por qué haber ocurrido.

Los pensamientos inconscientes son aquellos que pasarían por la mente sin dejar apenas un pista de que se han tenido de no ser por cómo afectan a nuestras emociones.

¿Cuántas veces desconocemos el motivo, pero identificamos la emoción?

Aprender a gestionar los pensamientos de manera adecuada es uno de los aspectos fundamentales de la inteligencia emocional. Aquellas personas que tienen un cierto control sobre sus pensamientos son capaces de razonar de manera más adecuada, de sacar conclusiones e incluso de influir en los demás.

Los pensamientos no pueden hacerte nada malo a menos que les hagas caso, pero ¡qué difícil es no hacerle caso a «Si dieras un paso más, todo este dolor desaparecería»! Y cuánto poder tienen esas nueve palabras. En el momento en el que les prestaba algo de atención, empezaban a venir acompañadas de otras muchas ideas, cada una más peligrosa que la anterior:

«A nadie le importa lo que me ocurra».

«Otro vendrá y seguirá con mi trabajo».

«No me necesitan».

Y un largo etcétera de terribles pensamientos que, de hecho, nada tenían de cierto. Por ello hay que tener preparado el siguiente pensamiento, y ese debe ser tuyo, no uno de los que aparecen de repente.

En un momento de calma me hice la pregunta adecuada: «¿Cómo puede ser que esté sufriendo hasta el punto de plantearme el suicidio?».

Y la respuesta fue muy evidente: «Te sientes mal porque echas de menos a Juan y le echas de menos porque lo quieres».

¿Cómo puede ser el suicidio la consecuencia del afecto? ¿Qué sentido tiene? Si echaba de menos a Juan, estaba bien que le llorara. Pero no podía limitarme a eso, también le podía recordar, podía hablar de él, mantener su legado, poner en práctica sus enseñanzas y hacer llegar su mensaje a tantas personas como pudiera.

Esto sí son cosas que pueden nacer del amor; no la muerte o la depresión.

Las ideas relacionadas con el suicidio deben tomarse en serio siempre.

Existen algunas señales que nos hacen tomar conciencia de la urgencia de poner ciertos recursos al alcance de esa persona:

- Si comenta en voz alta la intención o la idea de hacerse daño a sí misma o a los demás.
- Si la persona se aísla, tiende a evitar cualquier contacto social con los amigos o la familia.
- Si expresa desesperanza o tiene cambios importantes en su estado de ánimo.
- Si le ves tomar decisiones o hacer planes relacionados con posibles situaciones en las que él ya no esté presente: delegar tareas, regalar objetos que para él tienen valor, despedidas emotivas, etc.
- Si su cambio de ánimo supone una mejora un tanto exagerada, ya que a veces un cambio así suele estar relacionado con la decisión de quitarse la vida y el alivio al pensar que por fin va a dejar de sufrir.

En caso de identificar alguna de estas alertas, es necesario consultar a un profesional para informar acerca de la mejor manera de actuar.

Es frecuente escuchar comentarios del tipo: «Pretende llamar la atención», «Es un cobarde» o «No tenía otra opción». La realidad es que el primero de los instintos, el más fuerte, y el más natural, es el instinto de supervivencia. De modo que, cuando alguien impone su voluntad de hacerse daño por encima de los instintos, es porque cree que no tiene ninguna alternativa.

Aunque nos avergüence decirlo, muchos hemos tenido esta idea. Y la vergüenza es lo que convierte la conducta suicida en algo oscuro y humillante. Es un error no hablar sin tapujos de cómo nos sentimos y de lo que nos asusta, o pedir ayuda cuando sentimos rechazo o incomprensión.

Soy fuerte pero, a pesar de eso, a lo largo de mi vida a veces tengo la sensación de no poder más. Me pasa a mí, a ti y a quienes te rodean.

Quizás con un ejemplo te quede más claro. Imagina una máquina que mida el dolor, llamémoslo «dolorómetro». Si le ponemos este dolorómetro a alguien que tiene pensamientos del estilo: «Todo lo hago mal» o «Nadie me quiere», es muy posible que esta persona pueda estar sintiendo un valor cercano a diez, el máximo dolor.

Como puedes imaginar, este dolor es insoportable. De modo que, en un momento determinado, decide hacer algo que le distraiga de este pensamiento, por ejemplo, hacerse un pequeño corte en un brazo. Tras realizarse este corte, su pensamiento será «Cómo me duele el brazo» y habrá dejado de pensar que nadie le quiere o que todo lo hace mal.

¿Qué dolor consideras que puede ser más intenso? ¿El del corte del brazo o el de «nadie me quiere»?

Ahora imagina que esta distracción –hacerse daño– no fuera suficiente para soportar el dolor. En este caso, esta persona podría llegar a pensar que la única de las opciones es quitarse la vida.

No hace falta que te diga que en absoluto se trata de una buena solución, es la peor, ya que, a pesar de que las emociones suelen darnos la sensación de que permanecerán ahí para siempre, existen infinidad de ejemplos de personas que han vivido traumas y pérdidas importantísimas, y aún así han aprendido a disfrutar de la vida de nuevo; no con una felicidad completa y sin matices, pero sí suficiente para disfrutar otra vez de las pequeñas cosas, de los amigos y del trabajo.

Esta pregunta que antes te he comentado, «¿Cómo es posible que esté planteándome el suicidio?», me salvó la vida.

No somos conscientes del poder de las palabras, del peligro que trae consigo el repetirse, una y otra vez, algunos mensajes tóxicos. Las palabras, tanto las que otros nos dicen como las que nos decimos nosotros mismos, no caen en saco roto, sino que crean sentimientos y estos, a su vez, nuevos pensamientos que dan lugar a una nueva emoción, generando un círculo a veces vicioso y a veces vital, dependiendo de la palabra y la emoción que cada uno se repita.

Por ejemplo, puedes cometer un error sin mucha importancia y si alguien, o tú mismo, te dice algo del estilo «Nunca prestas atención» es difícil, por no decir imposible, que esto genere una emoción agradable. Puede entristecerte, frustrarte, hacerte sentir culpable o provocarte cualquier otro sentimiento desagradable. Llegados a este punto, ya tenemos el error cometido, más la pena, la culpa, la frustración o cualquier otra emoción negativa. ¿Qué hará tu cerebro entonces? Buscar motivos para continuar sintiéndote de este modo: hallar otros errores del pasado, anticipar la peor de las consecuencias que este error pueda suponer o exagerar la opinión que otros puedan tener de ti, generando así nuevas emociones más intensas que la anterior y otra vez nuevos pensamientos que las confirmen.

Pero si te equivocas y lo que te dicen es algo como: «No te preocupes, yo te ayudo», sentirás gratitud. O tú mismo puedes decirte: «Seguro que lo puedo arreglar», y generar así esperanza. Entonces tu cerebro empezará a buscar recuerdos y predicciones relacionadas con estas emociones y no con las anteriores.

Este cambio en el diálogo interno –nuestro hablarnos en silencio– hace referencia a lo que nos dice la persona que más influencia va a tener en nuestra autoestima y nuestro autoconcepto: nosotros mismos.

La mayor parte de los pensamientos son conscientes e involuntarios, lo que quiere decir que sabes perfectamente lo que estás pensando, pero no te has propuesto pensar en ello. Por ejemplo, no decides pensar en todo aquello que te preocupa cuando te metes en la cama y no tienes sueño, pero lo haces; que no quieras pensar no implica que no lo hagas.

Pero sí puedes tener el control de tu diálogo interno. Sí puedes decidir decirte a ti mismo cada mañana qué es lo que vas a intentar hacer bien durante el día. Sí puedes recordarte todo aquello que hay en tu vida y merece la pena: los amigos, el trabajo o quizás incluso algún objeto que te hace sentir bien, como el coche o la moto.

Tú eres el dueño de tu diálogo interno. Tú eres responsable de lo que te dices, y nadie influirá más de lo que tú lo harás en tu propia autoestima, jamás.

El caso es que recuperé el control en el momento en el que me hice la pregunta adecuada. Ya no pensaba en cuánto había perdido, ahora el foco estaba puesto en cuánto había aprendido y por ello me dije: «Justamente por eso seguirás cuidando del faro y manteniendo el legado de Juan».

Llegué incluso a agradecerle al pensamiento aquel paso de más en el acantilado que me permitía mantener vivo el recuerdo del maestro. Curiosamente, cuanto menos luchas con un pensamiento, menos viene a verte. Así que, cuando dejé de luchar con esa aterradora idea, simplemente desapareció.

Todos los días empezaban del mismo modo. Alrededor de las seis de la mañana un sutil rayo de luz comenzaba a romper la oscuridad del pequeño cuarto donde dormía. Poco a poco, iba abandonando mi sueño y tomando conciencia. Era frecuente que en esos instantes recordara aún algunos detalles de mi último sueño. Cuando esto sucedía, lo anotaba enseguida en una pequeña libreta que tenía en la mesilla de noche. Apenas unas palabras solían ser suficientes para poder recuperar el recuerdo del sueño más tarde (las personas que aparecían, dónde transcurría el sueño, cómo me había hecho sentir, etc.). Este ejercicio es especialmente útil cuando nos sentimos mal y no somos capaces de encontrar el motivo. No se trata de interpretar de una manera literal, ni siquiera simbólica, el sueño, lo más fiable de los sueños es el modo en cómo te han hecho sentir. Y en esta época de mi vida, muchos de ellos tenían que ver con la melancolía y la frustración.

–Ya despierto, ¡pie al suelo! –me decía cada mañana a mí mismo.

Sin pensar, convertir el acto de levantarnos de la cama en un reflejo ayuda a reducir la pereza.

Solemos creer que las cosas se consiguen con voluntad, con decisión, valorando los pros y los contras. Y, aunque esto tiene algo de cierto, la realidad es que no es lo más importante a la hora de generar cambios. Si observas con atención a las personas que tienen éxito en áreas en las que a ti te gustaría destacar –ya sea el deporte, el trabajo, las relaciones o los estudios–, enseguida te darás cuenta de que todas ellas hacen lo necesario para destacar en esa actividad en concreto, sin parecer que realicen demasiado esfuerzo. Cuando uno tiene una dieta saludable, no tiene que andar pensando constantemente en si va o no a comer esto o aquello, su costumbre le lleva, sin apenas pensarlo, a comprar aquellos alimentos que resultan más saludables y a preparar comidas que favorecen su salud. O las personas que leen con frecuencia no tienen que decidir constantemente acerca de cuál es el mejor o el peor momento para dedicar tiempo a la lectura, tienen reservados unos espacios varias veces a la semana que dedican a esta actividad. Y esto mismo sucede con el resto de las actividades. La toma de decisiones te puede permitir decidir qué cambios vas a establecer en tu día día para acabar convirtiéndolos en hábitos y modificando todo aquello con lo que no te sientes bien.

Si analizas tu vida, enseguida te darás cuenta de que todo lo que haces a diario lo llevas a cabo sin apenas esfuerzo, y que lo que implica un cambio genera en ti inseguridad y malestar, dificultándote que esa conducta se mantenga. Convierte tus objetivos en hábitos y enseguida verás cómo aparecen los resultados con mucho menos esfuerzo del que implica el tener que imponer la voluntad de las buenas conductas por encima de la costumbre de los malos hábitos.

Conseguimos ganar como poco unos treinta minutos al día si actuamos sin dar tiempo a pensar. No porque tengamos que competir contra el reloj, sino porque es un tiempo que suele venir acompañado de pereza, culpa e, incluso en algunos casos, miedo hacia lo que podría salir mal. Cuanto antes pasemos a la acción, antes tomamos el control sobre nuestras conductas y parte de los pensamientos.

Tras esto, preparaba el café con una vieja cafetera parecida a las que podemos encontrar en los bares. Este momento venía acompañado de un pequeño ritual: junto a la cafetera, tenía un viejo recipiente de lata que contenía los granos tostados. Cogía un puñado, cerraba los ojos y me lo acercaba a la nariz, inhalaba fuerte centrando todo mi atención en el aroma de los granos de café. Tras esto, a menudo mascaba un solo grano mientras ponía el resto en el molinillo, contaba veinte vueltas y llenaba con el café ya molido el portafiltros. Este tenía la capacidad de una doble carga, de cuando lo tomaba con Juan, de modo que sacaba dos cafés de una vez, cortos intensos y sin azúcar. Uno lo tomaba en ese mismo momento y el otro tras la ducha. Una vez ya vestido y desayunado, llegaba el momento de meditar.

Andaba despacio hasta el límite del acantilado, cerraba los ojos y me abandonaba por completo a todas las sensaciones, tanto del ambiente (la temperatura, la brisa en mi cara, el suelo bajo mis pies) como de mi propio cuerpo (el aire entrando en mis pulmones, el latido lento del corazón, el sentir del vello de mi piel o el peso de las pestañas).

No se trata de una práctica fácil, pero cuando uno se encuentra en un lugar remoto, sin distracciones y con el tiempo suficiente, puede llegar a ser capaz de sentir la naturaleza y el propio cuerpo como si se tratase de alguien que te susurra al oído.

Después de meditar, y durante estas primeras horas de la mañana, me sentía especialmente lúcido. Fue justo tras una meditación cuando comprendí que, dentro de este camino por la búsqueda de la verdad, por encontrar sentido a una vida alejada del ruido, necesitaba llenar el enorme vacío que supuso perder a la vez a mi amigo, a mi maestro y a mi jefe. Y tenía que hacerlo en el lugar en el que ahora me encontraba. Había escogido una vida solitaria y sin placeres materiales; y cuando me encontraba disfrutando de todo ello, gracias a la satisfacción que me aportaba poder aprender de un gran maestro, le perdí.

Solo la moral y alimentar en mí un buen espíritu podían ayudarme a cumplir con mi misión: la de cuidar el faro.

Este era el reto: hacer de mi vida la búsqueda completa de la ética y la fortaleza espiritual necesaria para poder vivir con alegría en mi austero, solitario, exigente y, sin embargo, precioso hogar; igual que lo había hecho Juan antes que yo.

Empecé a reflexionar y a anotar todo aquello que ocupaba mis pensamientos, una vez eliminadas todas las distracciones. He puesto algo de orden en mis ideas y las comparto contigo por si de algo pueden servirte.

¿Qué sentido tenía mi vida?

3. El sentido de la vida

Quizá esta reflexión acerca del sentido de la vida te parece demasiado filosófica, tal vez crees que no va contigo, pero la verdad es que en lo más profundo de nuestro ser necesitamos dar un sentido a la vida. Para algunos es tener descendencia, para otros dejar un legado, para otros ayudar, para otros destacar... Es sumamente importante encontrar ese sentido de la vida que te permita que cuando el dolor sea mayor al placer pueda justificar tu propia existencia y permitirte aceptar con cierta resignación que, más allá de tu disfrute personal, hay algo por lo que merece la pena continuar esforzándose. Ese será tu sentido de la vida: el que hace que te levantes cuando no puedes, el que te hace sentir orgulloso incluso cuando no todo va bien, el que da significado a tu existencia, incluso más allá de ti mismo.

La primera idea que me vino a la cabeza fue la de cuidar el faro para, de este modo, advertir a los marineros que navegaban por estas aguas acerca del riesgo que suponen los bajos fondos de este saliente. Pronto me di cuenta de que, aunque esta era una muy buena misión, en realidad no le podía dar sentido por completo a mi vida, ya que, de no hacerlo yo, seguro que alguien lo haría por mí,

¿Qué me hacía entonces especial?

¿Por qué tenía que ser justamente yo el que se encargara del faro?

¿Qué era lo que me hacía diferente de cualquier otro hombre o mujer que se pudiera hacer cargo del faro?

Y entonces comprendí qué era lo que me hacía único: solo yo había sido el aprendiz de un gran maestro y solo yo podía compartir sus enseñanzas con otras personas para que no se perdieran y, de este modo, mantener su legado.

Lo vi claro, Juan le dio sentido a la vida de su antecesor y yo a la de él y, quizá algún día, yo también encontraría a mi aprendiz, y entonces sería por fin maestro, ya que no hay profesor sin alumno, médico sin paciente ni maestro sin aprendiz.

Fue este pensamiento el que me hizo responsabilizarme por completo de mi propio crecimiento, tenía que prepararme para ser digno antes de que el o la aprendiz acudiera en mi búsqueda.

Lo malo de no contar con distracciones es que no tardan en aparecer las dudas.

¿Y si ese aprendiz no llegaba nunca?

¿Y si me pasaba una vida preparándome para un alumno que jamás aparecería?

Seguramente recuerdas los «¿y si?» de *El aprendiz de fare-*

ro; algunos de estos pensamientos no desaparecen del todo por más que cambiemos de vida.

El caso es que pensé que en realidad no importaba demasiado, que la idea de prepararme para la llegada de un nuevo aprendiz era lo que necesitaba para poder encontrar la motivación necesaria para mi propio crecimiento personal. Aunque lo cierto es que no tenía ninguna duda, que llegado el momento encontraría a mi aprendiz. Esto siempre ha sido así, cuando estamos listos, la oportunidad aparece. En realidad, son constantes las ocasiones en las que podemos dar significado a nuestra vida, pero solo cuando estamos realmente preparados podemos verlo. No serían uno ni dos los posibles aprendices con los que tendría la oportunidad de dar sentido a mi existencia, seguro que en lo que me quedaba de vida habría decenas de ellos, pero solo cuando estuviera preparado podría ver a mi aprendiz y reconocerlo, al igual que solo entonces él o ella podría verme y también distinguir en mí a su maestro.

Solemos pensar que algunas personas aparecen en el momento oportuno, como si fuera cosa de magia. Cuando estás en un trabajo y, de repente, surge una nueva oportunidad laboral. Cuando la relación que tienes se vuelve tóxica y conoces a alguien que te ayuda a salir de ella. O cuando parece que cada vez estás más distanciado de tu grupo de amigos y, como por arte de magia, conoces a gente nueva con la que pasar el tiempo o viajar.

No se trata de que aparezcan en el momento perfecto, la realidad es que es tu momento el que los hace perfectos. Es por eso por lo que a veces, tras algún tiempo, nos damos cuenta de que no hicimos una buena elección con ese trabajo, esa pareja o este grupo de amigos; pero no debemos apenarnos pensando que nos equivocamos en la elección; en realidad, todas esas personas cumplieron con su objetivo, que era el de sacarnos de ahí donde nos encontrábamos y no estábamos bien.

Si algo distinto te ha seducido es posiblemente porque lo que tenías no te llenaba. Y si finalmente te das cuenta de que no era lo que esperabas, no sigas en ese camino, ni vuelvas al anterior; haz lo posible por buscar un camino nuevo que mejore tu vida.

Si es a ti a quien han dejado, y en este caso me refiero a una relación romántica, piensa también en esto que te comento; estoy seguro de que te ayudará a hacer las paces con tu expareja y con quien quiera que se haya ido. Y si no haces las paces, tampoco pasa nada.

El caso es que son muchas las personas que tienen relaciones más basadas en la rutina que en el amor y, cuando esto sucede, es posible que nos centremos en el engaño o en la mentira. Piensa que las mentiras y los engaños nacen de la culpa y la vergüenza (nadie esconde lo que hace bien, ocultamos los motivos de nuestra vergüenza). Por ello, cuando uno de los miembros de la pareja traiciona la confianza del otro, lo hace desde la mentira y el engaño, y lo realmente importante es que, si ha tenido interés por otra persona, es porque había perdido el interés en nosotros y no habíamos sabido crear un ambiente de suficiente confianza para poder expresarlo antes de que se precipitase todo al iniciar una nueva relación romántica. Luego les irá bien o mal, pero eso nada tiene que ver con nosotros, lo único que debemos tener en cuenta es que, si se ha decidido a marchar, es porque no estaba bien.

Sé que esto es doloroso y es porque creemos que solo podemos ser felices en compañía de otra persona. Pasar por un periodo de soledad y conseguir hacerlo de manera satisfactoria nos ayuda a integrar una de las premisas más importantes para nuestra felicidad: tener el convencimiento de que esta depende principalmente de nosotros mismos.

> La felicidad hace referencia a esa sensación de bienestar, que incluye el orgullo por la vida vivida, que tiene como consecuencia sensaciones como la calma, la tranquilidad y la diversión.
>
> Las personas nos sentimos felices en el momento en el que somos capaces de tener sensaciones agradables, la impresión de estar viviendo una vida plena, relaciones sociales suficientes, la conciencia de aportarnos valor, ya sea con nuestra actividad o bien con nuestra presencia; y que todo ello, aunque puede venir acompañado de otras personas, no necesita necesariamente de la aprobación, la compañía o el beneplácito de tan solo una de ellas.

Con este objetivo, el de ser el dueño de mi bienestar, pasaron los días, las semanas, los meses y los años. Poco a poco, me fui convirtiendo en una especie de viejo sabio. Mi barba, antes pelirroja, se fue tiñendo de blanco, empezó con unas clapas en la barbilla que fueron ganando terreno hasta cubrirla casi por completo, a la vez que era cada vez más larga (lejos de ser una decisión estética, era lo más práctico y cómodo para mí).

Cuando la opinión que más importa es la de uno mismo y la comodidad que se persigue es la propia, olvidas las modas y los prejuicios. Esto en mi caso me llevó a una barba y un pelo largo, este último recogido en una coleta. También a llevar ropa cómoda, sin marcas —ya que no tiene sentido pagar más por hacer propaganda de otros—, en un solo color que solía ser el blanco para poder lavar eficazmente con lejía sin desteñir y minimizar el calor en verano. Y unos zapatos frescos para el verano y unas botas calientes para el invierno. Cuando piensas imponiendo la lógica y la comodidad, te das cuenta de que no es casualidad que los sabios en los distintos momentos históricos vistieran tal y como yo lo acabé haciendo: la mía era la misma imagen que la que podía tener un druida hacía cientos de años, como también lo era la de Juan cuando le conocí.

Esta imagen se correspondía con mi identidad, ya no hablaban de mí como el farero, algunos me llamaban «el maestro del faro», y otros, «el sabio del faro»; tardé años en llevar a cabo esta transformación.

Al principio con mucho esfuerzo dedicaba tiempo a la meditación, a la reflexión y a adquirir conocimientos a través de libros que me traían junto a los víveres. Y lo más importante de todo: la observación. Escudriñaba —y continúo haciéndolo— con mucha atención todo lo que me rodeaba, y lo hacía conmigo mismo; analizaba mis sensaciones, mis pensamientos y mis reacciones hasta que llegué a conocerme a la perfección, entendiendo mis reacciones e incluso siendo capaz de anticiparlas y dirigirlas a mi antojo.

Esta es la verdadera sabiduría: la capacidad de gestionar nuestras emociones en función de la utilidad que cada una de ellas pueda darnos en cada momento. Tras muchos años, he conseguido decidir cómo quiero sentirme en cada instante. No te imagines que eso quiere decir que estoy siempre feliz, son muchas las ocasiones en las que me apetece echar de menos a Juan, o preocuparme por el estado del faro, o incluso enojarme con quien no cuida los terrenos que rodean mi hogar; sin embargo, yo decido cuándo lo siento y, lo que resulta clave, durante cuánto tiempo.

Es importante no confundir el tener control sobre nuestras emociones y el modo en el que las expresamos, con ser una persona carente de carácter o pasiva ante las ofensas de quienes nos rodean. Tal y como dijo Aristóteles en su *Ética a Nicómaco*: «**Cualquiera puede enfadarse**, eso es algo muy sencillo. **Pero enfadarse con la persona adecuada**, en el grado exacto, en el momento oportuno, con el propósito justo y del modo correcto, **eso**, ciertamente, **no resulta tan sencillo**».

Como nos dice Aristóteles, no se trata de no enfadarse nunca, ni de hacer como que nada te afecta. El sabio es capaz de marcar límites y de hacer saber su disgusto, pero lo hace no porque no sepa controlar su ira, sino porque es el modo que tiene de proteger su bienestar por encima de los posibles intereses de otras personas que puedan actuar de manera cruel o egoísta.

Saber cuándo, hacia quién y de qué modo expresar nuestro enfado muchas veces resulta complicado. Solemos improvisar nuestras reacciones a las ofensas y, cuando lo hacemos, estamos respondiendo no a lo que la persona ha hecho o ha dicho, sino que respondemos a cómo esto nos ha hecho sentir. Y la consecuencia más frecuente a este modo de actuar es que cuando superamos ese estado emocional solemos sentirnos en desacuerdo respecto a nuestra reacción, a veces por considerar que nos hemos quedado cortos y otras por considerar que nuestra reacción ha sido exagerada.

Un muy buen modo de ponerlo en práctica es conocer nuestros límites antes de que se den las situaciones.

Anota en un papel cinco cosas que no quieres tolerar en una relación; cinco que, aunque preferirías que no se dieran, en caso de suceder, no implicarían que tuvieras que perder la confianza en la otra persona; y, por último, cinco más en las que puedes basar los cimientos de una relación.

De este modo, cuando algo te enoje, sabrás si debes templar tu enfado antes de expresar cómo te ha hecho sentir por tratarse de algo que, aunque molesto, no pone en riesgo la relación; o, por el contrario, se trata algo fuera de los límites y puedes aprovechar tu enfado para poner fin a esa relación.

Así conseguirás que tu ira te aleje de aquellos que tienen conductas inaceptables desde tu punto de vista, trabajarás tu tolerancia hacia lo que simplemente te resulta molesto y aprenderás a tomar conciencia y a valorar aquello que quieres que se dé con más frecuencia en tu vida.

Este mismo ejercicio nos viene bien independientemente de la naturaleza de la relación, ya sea romántica, profesional, familiar o de amistad. Para adaptarlo, será necesario anotar, para cada una de ellas, las cinco cosas intolerables, las cinco indeseables y las cinco que queremos que se den tanto como sea posible.

Recuerda el sabio no es:

- Quien jamás se enfada, sino el que se enfada cuándo, cómo y con quién debe enfadarse.
- Quien jamás se entristece, sino el que lo hace por los motivos adecuados.
- Quien jamás siente melancolía, sino el que no permite que esta le impida disfrutar de las cosas buenas que la vida le continúa ofreciendo más allá de lo que ha perdido.

Si el camino de la sabiduría y el bienestar consistiera en no sentir dolor ni físico ni emocional, haría ya tiempo que tendríamos resuelto el reto de la vida, ya que los hombres desde tiempos antiguos conocen cómo actúan algunas plantas para disminuir el dolor, calmar los nervios e incluso reducir la tristeza. Sin embargo, la felicidad no está en ello, la felicidad consiste también en añorar, en ponernos nerviosos ante determinadas situaciones (como cuando queremos hablar con alguien que nos gusta). Los fármacos y otras drogas, que nos permiten anular cualquiera que sea la emoción o la dolencia que nos aflige, no saben diferenciar entre la idoneidad o no de una emoción, y nos anestesian en lugar de calmar solo los pensamientos que nos resultan menos adaptativos.

Incluso quienes se encuentran en el proceso final de la vida pueden ahogar su malestar con morfina, pero por desgracia no solo ahogan ese dolor, sino que con él desaparece también la voluntad y la conciencia. Así es como funcionan las drogas, ya sean legales o ilegales, la química no discrimina entre aquello que queremos acallar y lo que nos gustaría mantener.

En contra de lo que muchos creen y la sociedad nos sugiere, el verdadero reto no consiste en acumular muchos conocimientos, ya que no son pocos los que lo logran y se encuentran en el extremo opuesto de lo que consideramos un sabio. Esto es porque cualquiera puede memorizar, pero solo los que son dueños de sus pensamientos y emociones serán capaces de llegar a alcanzar una sensación de bienestar, incluso en las situaciones más adversas.

Con el paso de los años, todas estas conductas sobre las que había reflexionado y que me ayudaron a prepararme para recibir un nuevo aprendiz fueron filtrando hasta lo más profundo de mi persona, hasta que se acabaron convirtiendo ya no en lo que hacía, sino en lo que era. Pasé de aprendiz a maestro a base de insistir en hacer no aquello que me apetecía, sino aquello que sabía que me convertiría en el hombre que quería llegar a ser.

Muy poco quedaba ya de ese joven inseguro y codicioso que años atrás llegó al faro muerto de miedo, huyendo del ruido de la ciudad y la presión que la sociedad nos impone. Lo cierto es que las lecciones de Juan me abrieron el camino de la transformación, pero el resto lo tenía que hacer por mí mismo, y lo tenía que hacer sin dañar este lugar que me había acogido y me estaba mostrando el camino hacia el equilibrio físico y espiritual. De modo que, poco a poco, me fui convirtiendo en parte del faro, de la naturaleza, en una extensión de la tierra. Yo, igual que las nubes y las estrellas, pasé a formar parte de ese lugar. Del mismo modo que un pájaro hace su nido sin dañar al árbol, tal y como las abejas participan de la naturaleza y lo hacen sumando con su presencia en lugar de restar; de ese mismo modo, yo participaba del paisaje, formando parte, sumando, mejorando el lugar y no destruyéndolo, contaminando o embruteciendo, tal y como suelen hacer algunas personas cuando ocupan sin respeto lo que la naturaleza ha tardado miles de años en crear.

Es imposible no dejar alguna huella, pero esta no tiene que ser forzosamente corrupta, indigna o malvada. Uno puede cuidar la naturaleza, plantar, regar y mantener las plantas que le rodean, recoger, reciclar y mimar su entorno. El ser humano es un animal más y, a pesar de creerse mejor que el resto, es el único al que le cuesta contribuir con su presencia al cuidado de la naturaleza.

A medida que me alejaba de esa sociedad que me había hecho enfermar, me acercaba a una naturaleza que me aceptaba sin rencor, sin tener en cuenta mis antiguos pecados. Me acogió como se recibe a un hijo que después de provocar mucho dolor rectifica, pide perdón y vuelve al calor de la familia.

No creas que renuncié por completo a las ventajas que la evolución nos ha dado, eran muchos los avances de los que disfrutaba y que agradecía en mi día a día: la radio con la que me comunicaba con salvamento marítimo, los barcos, la comandancia y otros faros; mi viejo transistor que me permitía estar al corriente de las noticias; el generador que garantizaba el correcto funcionamiento del faro, y algunos más. Pero todos eran objetos con una finalidad práctica que nada tenía que ver con presumir o aparentar, enseguida me di cuenta de que los objetos antiguos eran mucho más fiables y fáciles de reparar; por lo tanto, apenas generaba desperdicios, no tiraba una buena radio para comprar otra si no tenía necesidad. Lo curioso es que esto hacía que mi hogar fuese especialmente bello –y así me lo hacían saber quienes se acercaban–: materiales nobles, objetos antiguos en perfecto funcionamiento y apenas cosas que distrajeran nuestra atención de lo importante; la belleza del lugar y lo cuidado del espacio. Para ser completamente sincero, había una excepción: los libros, podías encontrar cientos de ellos repartidos en las distintas estancias, pero ese era un lujo al que no estaba dispuesto a renunciar.

Una de las ironías de la vida es que cuando crees estar haciendo lo necesario para ser completamente invisible es cuando mayor notoriedad recibes.

La autenticidad de mis actos y lo bello del lugar corrió como la pólvora en las redes sociales. Los *hashtags* #soyaprendiz y #elmaestrofarero acumulaban montones de imágenes. La paradoja es que en medio de toda esta superficialidad de medios se sigan buscando y reconociendo espacios naturales y el valor de quienes continúan con las tradiciones. Al principio, esta fama inesperada me contrarió –la misma fama que antes de venir al faro anhelaba, ahora me parecía tremendamente molesta–, pero no tardé en reconocer que se trataba de otro modo más de hacer llegar mi mensaje, de influir, de ayudar a quienes también buscan un faro; no para no embarrancar con su barco, sino para no hundirse en la más profunda de las tristezas.

Las publicaciones y las entrevistas se volvieron algo más frecuentes, aunque sin llegar a distraerme demasiado ni del cuidado del faro ni de mi propio crecimiento personal, ya que lo alejado de mi hogar hacía que los que se acercaran tenían que estar realmente motivados y, por lo general, solían ser muy respetuosos, tanto con mi hogar como con mis rutinas, que incluían largos ratos de meditación, descanso, deporte y lectura.

Las rutinas nos permiten automatizar gran parte de nuestras conductas, con lo que conseguimos una enorme eficacia, ya que la repetición nos acerca a la excelencia y nos permite ahorrar gran cantidad de recursos, tanto a la hora de evitar tomar decisiones, ya que la rutina aparece de manera automática y está ligada a un determinado momento del día, como a la hora de pensar acerca del mejor modo de llevarla a cabo. La rutina marca tanto el cuándo como el cómo. Pero, cuidado, la rutina no sabe de porqués, de modo que podemos hacer conductas rutinarias y tóxicas sin apenas darnos cuenta, como por ejemplo quien se enciende un cigarrillo mientras se toma un café sin ni siquiera darse cuenta de que lo está haciendo.

Esta fama sobrevenida llegó a los lugares más recónditos, lo que me permitió conocer a personas de lo más interesantes, que desde los puntos más alejados del planeta se acercaban para pedirme consejo. A veces, se quedaban unas pocas horas y otras veces hasta algunas semanas. Con cada una de estas nuevas visitas, yo no podía dejar de pensar si quizá sería esa persona el aprendiz que tanto anhelaba, pero este no terminaba nunca de llegar. Aunque todos ellos tenían la necesidad de aprender, no estaban dispuestos a renunciar a su vida anterior para entregarse por completo al faro, tal y como Juan y yo mismo lo hicimos. Para aceptar lo nuevo, hay que dejar ir lo viejo. Y el que fuera el nuevo aprendiz debía estar dispuesto a abandonar por completo todo lo que había formado parte de su vida, se tenía que entregar al conocimiento sin mirar atrás, y eso no era algo que ninguno de los viajeros que hasta ese momento se habían acercado al faro estuviera dispuesto a hacer.

Organizamos el cien por cien de nuestro tiempo en distintas acciones, más o menos productivas, de modo que es necesario restar tiempo y energía a alguna de ellas para poder dedicárselos a otra.

Si quieres leer más, tendrás que ver menos la televisión.

Si te propones hacer más deporte, tendrás que restarle horas a tu descanso.

No puedes hacer algo que no forma parte de tu vida sin eliminar otra cosa, o por lo menos sin reducir el tiempo que le dedicas.

La pregunta entonces será: ¿en qué prefieres dedicar el tiempo del que dispones?

Durante mis largos periodos de soledad en el faro, me he visto obligado a abrazar y aceptar emociones de las que el resto de las personas huyen, como son la soledad, el miedo y la tristeza. Uno no puede vivir tiempo sin compañía a menos que haga de cada una de las emociones su compañera de viaje.

Te preguntarás cómo he podido soportar todas esas emociones sin tener a nadie en quien apoyarme, pues bien, he necesitado hacer un profundo trabajo personal.

En primer lugar, tuve que aprender a identificar cada una de las emociones. Todos sentimos, pero la capacidad de pensar acerca de qué es lo que sentimos y por qué lo sentimos es mucho menos frecuente, casi una rareza.

Los pensamientos nacen de las emociones, y no al revés, vienen acompañados de una reacción de nuestro organismo y muchas veces esta nos puede servir como señal de alerta para retomar el control de nuestros pensamientos.

Para explicarte esta curiosa relación, permíteme que te ponga un ejemplo:

Imagina que estás paseando por la calle, deambulando sin rumbo, cuando al girar una esquina te encuentras de frente con una expareja, no una cualquiera, piensa en la que te ha venido primero a la cabeza, aquella persona capaz de, simplemente con su presencia, influir en tu estado de ánimo. Esto es un estímulo y este en concreto depende por completo del azar, ya que no te lo has propuesto, no tenías manera de anticiparlo y ha sucedido; nada tiene que ver contigo, ha sido la casualidad. En cuanto ves a esa persona, tu cuerpo reacciona, es inmediato, puedes sentir un repentino nudo en el estómago, un hormigueo, flojera en las piernas o tensión en los brazos. En menos de un segundo ha aparecido la emoción, en función de la emoción que sientas ante la visión de tu expareja, tu cuerpo reaccionará de un modo o de otro. Si la emoción es la sorpresa, abrirás los ojos y prestarás atención a tanta información como puedas; si es el miedo a hacer el ridículo, a su reacción o a la de quien te acompaña, se te acelerará el corazón y gran parte de tu energía irá hacia tus piernas, preparándote para salir corriendo; en caso de sentir rabia, se contraerán tus pupilas, enfocando hacia esa persona como si de un objetivo a batir con un rifle se tratase, de nuevo el corazón acelerado, la respiración agitada, un chute de adrenalina y la mayor parte de tu energía en las extremidades superiores, lo que te prepara para pelear; quizá la emoción que se te ha despertado es la de la pena o la melancolía, y te sientes inundado por la tristeza, entonces sentirás la incapacidad de tomar decisiones y un nivel muy bajo de energía. Sea cual sea, la emoción ha aparecido sin previo aviso y sin que tú te lo propusieras; a continuación, aparecen los pensamientos.

Nos educan con la idea de que somos seres completamente racionales y que es la razón la que guía nuestras vidas, pero la realidad es otra: somos seres emocionales y son las emociones las que, nos guste o no, gobiernan nuestras ideas y, como consecuencia, nuestras vidas; ya que primero sentimos y luego pensamos. De manera que, al tener unos pensamientos que poco o nada tienen que ver con tu voluntad –ya que nacen de una emoción que escapa por completo de tu control–, eres víctima de un proceso involuntario

Si la emoción que has sentido es la pereza como consecuencia de preferir evitar este encuentro, entonces el pensamiento será «Espero que no me haya visto y así no tenga que hablar con él»; si es la ira, intentarás ver muestras de que las cosas no le han ido bien desde que lo dejasteis (verle con mala cara, por ejemplo, pueden hacerte sentir mejor); si por otro lado has sentido melancolía, te aparecerán una cascada de recuerdos de los momentos felices que pasasteis juntos. Aunque todo esto que ha pasado –cruzarte con tu ex, sentir una emoción quizás muy intensa y ver cómo se acumulan en tu cabeza un montón de pensamientos que escapan a tu control–, en realidad, todavía no ha hecho que pase nada realmente importante, tú sigues inmóvil en ese mismo lugar, observando, sintiendo y pensando. Es ahora cuando va a suceder lo que realmente importa, es en este preciso instante cuando va a aparecer la conducta, y esta puede estar secuestrada por tus emociones y los primeros pensamientos instintivos (esconderse ante la pereza, mirar con desdén ante el odio o hablar desde la melancolía y hacerle saber cuánto echas de menos el tiempo que pasasteis juntos). O puedes acudir al pensamiento racional, puedes discurrir acerca de qué es lo que más te conviene, cuál de las conductas es, independientemente de cómo te sientes y de cuáles son tus pensamientos involuntarios, la acción que te deja en una mejor situación. Quizá un simple saludo acompañado de una sonrisa, o ignorar a esa persona, o cambiar de acera para evitar el contacto, o mostrar interés por su situación actual. No hay una reacción correcta para todo el mundo, solo tú sabes qué es lo que más te conviene, pero para poder llegar a esa conclusión es necesario que primero aprendas a dominar la emoción y a ignorar el pensamiento que de ella nace.

Nuestro día a día está repleto de estímulos al azar como el que te he comentado, quizás no se trate de un ex, pero sí un jefe o un compañero, un vecino con el que no tienes una buena relación, la televisión con constantes imágenes diseñadas para generar en ti unas emociones y pensamientos que te lleven a comprar o a sentir según los intereses de personas que ni siquiera conoces, noticias sesgadas, ciudades ruidosas… Existen un sinfín de cosas que secuestran por completo tanto tu modo de sentir como la toma de decisiones, sin que ni siquiera puedas caer en la cuenta.

Es por esto, por la tormenta de emociones y pensamientos

que escapan de mi control, por lo que necesité alejarme de todo este ruido la primera vez que vine al faro, y es por esto mismo que fui capaz de aprender de la muerte de mi viejo amigo Juan.

4. Sanar

El faro era el mismo y, sin embargo, con la ausencia de Juan no tenía nada que ver. Cuando murió, primero recibí el cariño de muchísima gente que, aunque hubieran tenido poco contacto con el maestro, habían descubierto en él una luz que los acompañaba allá donde fueran. Eran muchas las personas que agradecían el compromiso de Juan con el faro (marinos, la gente del pueblo e incluso políticos y técnicos responsables también del correcto funcionamiento del faro).

Sin embargo, ahora que él no estaba, se acercaban todos a decirme a mí lo mucho que le encontraban a faltar. ¡Qué poco sentido tiene que tengamos que morir para que se nos reconozca la importancia que tenemos para la comunidad!

Después de estas primeras semanas en las que fueron muchos los que se acercaron a dar, a través de mí, un último adiós a mi amigo, quedó el silencio.

Ni una voz, más allá de la radio, que me preguntara cómo me encontraba o qué tal estaba el café o qué opinaba de tal cosa o tal otra. Fue este silencio el que me iba sumiendo en la más profunda de las tristezas, pero fue también este silencio el que a la vez me permitía escuchar con claridad mis pensamientos y avanzar, tal y como ya te he explicado, en mi propio duelo.

Un día, cuando ya había hecho mi trabajo interior, cuando me había reconciliado conmigo mismo y con el mundo, el silencio empezó a dar paso no al ruido, sino a los sonidos de todo lo que me rodeaba.

El silencio llegó después del ruido que hizo alguna gente sin alma, personas que se acercaban para calmar sus remordimientos por haber ignorado a un sabio cuando lo tuvieron a pocas horas de paseo; seres egoístas que habían sido incapaces de agradecer a quien cuidaba con mimo del faro del que dependían para que les llegaran las provisiones, un faro del que se sentían orgullosos, que iluminaba el mar, pero que también les daba la luz que buscaban desde sus ventanas al anochecer. El faro era algo inmutable en un mundo en el que todo cambia, era el orgullo de los vecinos, lo que les daba paz y lo que enseñaban a sus amigos cuando iban a visitarlos. Y esa gente que no se había preocupado de Juan, que era quien le había dado vida al faro, ahora se acercaba para saber si su precioso faro había quedado en buenas manos. Fueron para darle las gracias a quien ya no podía oírles y, de paso ver, si podían confiar en mí.

De sobra sabía lo que pensaban, lo que iban contando durante el camino de vuelta: que si era demasiado joven, que si tenía poca experiencia, que si hubiera sido necesario que hubiera estado más tiempo con Juan para poder hacer frente a un cometido tan importante; seguro que incluso habría quienes hicieran apuestas acerca de cuánto tiempo sería capaz de aguantar o de en qué momento fallaría el faro por culpa de mi falta de conocimientos.

«Malditos hipócritas», pensaba, en parte con motivo, pero también con pensamientos alimentados por la rabia que sentía por todo y por todos ahora que me encontraba aquí solo.

Una vez se silenció el ruido de las visitas y de mis propios pensamientos —este segundo ruido se me resistió más—, apareció el sonido de lo que me rodeaba: el rumor del mar al romper la cresta de las olas para liberar su espuma, el susurro al acariciar la playa y el crujido al golpear las rocas. El silbar del viento al atravesar árboles y rocas agujereadas. El murmullo de las ramas de árboles y arbustos. Y, por último, el cantar de infinidad de pájaros que se acercaban a mi hogar al saberse seguros en él.

Se trataba de la más bella de las orquestas que he escuchado jamás y, curiosamente, esta no necesita de un montón de personas cargadas de instrumentos. No es necesario pagar un entrada ni tener un escenario con un patio lleno de butacas. Esta orquesta no necesita ensayos ni inversiones, no necesita nada, solo tiempo y distancia con los ruidos de la ciudad y los de tu propia cabeza para que puedas empezar a disfrutarla.

Nos pasamos la vida creyendo que necesitamos más: más dinero, una casa más grande y un coche más veloz. Y cuando nos paramos a disfrutar, solemos hacerlo cuando predominan los «menos»: menos ciudad, menos gente, menos obligaciones, etc. Es cuando nos damos cuenta de lo que realmente nos llena. Qué paradoja que nos llene la nada y nos deje vacíos la acumulación de objetos caprichosos y a veces sin sentido que nos impone la sociedad moderna.

Qué necesario fue el tiempo con mi maestro, pero fue en este instante cuando aprendí a estar feliz en soledad, cuando me di cuenta del enorme sacrificio que había hecho mi maestro al acogerme y enseñarme durante sus últimos años de vida, seguramente cuando más hubiera sido capaz de disfrutar de todo lo que la naturaleza le ofrecía.

Este entrenamiento de aprender a estar solo conmigo mismo es el que me ha llevado a ser capaz de escoger la compañía de quienes me rodean y a no exigirle a otros que me presten atención, que se sientan como a mí me conviene o que no se marchen de mi lado por miedo a quedarme con alguien a quien en otros momentos no he apreciado: yo mismo.

Entrénate para aprender a soportar, en un primero momento, tu propia compañía; luego, con el tiempo, serás capaz de aceptarla y, por último, vendrá el verdadero crecimiento personal, cuando puedas disfrutar de la presencia de los demás, no por necesidad, sino por elección.

Leer, dibujar, dormir, hacer ejercicio e incluso conversar con uno mismo son algunas de las muchas cosas que uno puede disfrutar sin necesidad de compañía. Cuando aprendes a disfrutar de la vida, de tu vida, sin dependencia, es cuando te conviertes, por fin, en dueño de tu bienestar. Cuando aprendes a estar bien solo, entonces estar bien ya depende exclusivamente de ti. Y aceptar o no la compañía de otras personas se convierte en una acción libre y no en la reacción propia de quien no soporta pasar un minuto a solas consigo mismo.

Un ejercicio que te puede resultar de ayuda es el de programar a lo largo de tu semana dos o tres actividades que puedas hacer solo, por ejemplo, comer un día a la semana sin más compañía que la de tu propia conciencia, ir de vez en cuando al cine solo, hacer ejercicio, leer, meditar, hacer tú mismo el mantenimiento de tu automóvil o motocicleta, pintar un mueble, deambular por tu ciudad o por los alrededores de tu pueblo, etcétera.

Quizá tú ya eres una de esas personas que disfrutan de pasar momentos en soledad. Si es así, enhorabuena; pero si, por el contrario, te horroriza la idea de ir al cine solo, sería muy conveniente que ordenaras esta y otras actividades que se te puedan ocurrir de menos a más dificultad y las hicieras, aumentando poco a poco su dificultad hasta que seas capaz, por ejemplo, de comer solo y sin complejos en un restaurante.

Las épocas que no me encuentro viviendo en el faro, consigo sobrellevar el ajetreo de la ciudad gracias a largas navegadas en solitario y a un amigo con el que tengo un nivel de complicidad suficiente como para no necesitar cruzar palabra durante largos ratos, y a las frecuentes comidas a solas en una pequeña cantina japonesa que hay a pocos metros de mi casa.

Así fui pasando el tiempo en el faro: conmigo mismo.

5. Un principio

Una fría mañana de invierno –los inviernos los pasaba completamente solo, ya que el viaje al faro parecía perder todo su atractivo para los curiosos cuando las condiciones se volvían especialmente duras–, salí con los primeros rayos de sol a hacer mis ejercicios de meditación junto al acantilado, tal y como hacía todas las mañanas desde que me comprometí con mi propio crecimiento personal y bienestar, cuando vi que había una mujer al borde del precipicio…

Un escalofrío me recorrió al verla, era evidente que no estaba allí con la intención de disfrutar de las vistas. Me acerqué despacio y, con voz suave para no sobresaltarla, le dije:

–Hola –y guardé silencio.

Ella se volvió despacio, aparentemente tranquila, y me miró. Se trataba de una mujer de unos treinta y tantos, de poco más de metro cincuenta, de complexión pequeña. Tenía la nariz y la boca quizás algo grandes, lo que le daba mucha personalidad y la hacía especialmente bella. El pelo largo y ondulado le cubría media cara, pero dejaba entrever unos ojos pequeños y tristes, ya secos de tanto llorar.

–Hola –dijo mientras sentía cómo me clavaba su mirada.

–¿Te puedo ayudar?

–No, no puedes. ¿Podrías dejarme sola?

–Lo cierto es que no. Este faro es muy pequeño, así que, mientras estés aquí, tendremos que irnos encontrando.

–Si es por eso, no te preocupes, no estaré mucho.

–Te vas…

–¿No ves lo que estoy a punto de hacer?

–Yo sé lo que veo y lo que parece, pero lo que es; eso solo lo sabes tú.

–Haz el favor de dejarme en paz, quiero estar sola –gritó contrariada–. No quiero vivir más, nadie me espera, nadie me quiere, a nadie le importo. Esto es lo único que puedo hacer para dejar de sufrir…

Fue justo en ese momento cuando lo comprendí, por fin había encontrado a mi aprendiz: a una persona sin nada que perder y posiblemente mucho por aprender.

Una tímida sonrisa se dibujó en mi cara.

–¿De qué te ríes? –dijo ella muy molesta.

–Sonrío porque estoy feliz de haberte encontrado, hacía años que te esperaba.

–¡Qué tontería dices, si no me conoces! ¿Cómo vas a estar esperándome?

–Eso no importa. Tampoco me conocía mi maestro Juan, y eso no le impidió ayudarme cuando estaba igual que tú. Yo llegué hace ya muchos años a este faro huyendo de todo. ¿Quieres que te explique quién era Juan?

–No, no quiero –respondió.

–¿Y me puedes explicar quién eres tú?

–¿Por qué debería explicarte nada de mí? Si no nos conocemos, no somos amigos y, además, no lo vamos a ser nunca. ¿No lo ves? ¿No ves que voy a suicidarme?

–Sí… Saber algo de ti me resultará de ayuda cuando tenga que informar sobre la joven muerta en mi faro. Espero que la policía me crea y no me acusen de asesinato –le dije con algo de sorna.

–¿Eso es lo único que te importa? A ti todo te da igual, ¿verdad? Te da igual que me muera, solo te preocupas por ti y por lo que puedan pensar… Seguramente, te esté fastidiando el día, tú aquí sin problemas, con esa pinta de vagabundo que llevas y esa cara de superioridad… ¡¿Por qué no te largas y finges que no nos hemos visto?!

–Aunque no lo creas, estoy muy preocupado por ti. Yo me he sentido igual que tú te sientes ahora y nada me gustaría más que ayudarte a encontrar la paz que tanto necesitas.

–Pues no lo parece.

–Es que yo solo puedo ofrecerte mi ayuda, pero aceptarla o no, eso es solo cosa tuya.

–Pues ayúdame yéndote.

–No, ¿sabes qué pasa? –le dije con la voz muy pausada–: Hace años que me levanto con los primeros rayos de sol, camino hasta donde ahora me encuentro y hago mis ejercicios de meditación antes de iniciar mi jornada. Lo cierto es que esta conversación me está desviando de una rutina que me hace mucho bien, así que, si no te importa, yo empezaré con mis ejercicios y tú haz lo que consideres. Yo preferiría que no saltaras, pero esta decisión te corresponde solo a ti.

La joven me miró atónita mientras yo fingía estar concentrado en mis ejercicios sin poder dejar de compadecerme por ella. Durante cerca de cuarenta y cinco minutos me observó con atención.

Al terminar la miré de nuevo y le dije:

–Yo ahora voy a desayunar. Esto que ibas a hacer ahora siempre lo podrás hacer mañana. ¿Me acompañas?

Sin mediar palabra, empezó a caminar junto a mí, hacia el interior del faro.

La invité a sentarse y en silencio empecé a preparar café y tostadas que acompañé con mantequilla y azúcar (con la actividad y el frío del faro es necesario ingerir calorías suficientes por la mañana).

–Yo soy Javi.

–Mar… –susurró casi muda.

–Hola, Mar. Encantado de conocerte

Ella permaneció en silencio con sus ojos clavados en los míos.

Respeté su silencio. Tampoco estaba seguro de poder decir nada que le pudiera generar alivio, de modo que desayunamos en silencio y sin apenas mirarnos.

Es normal, cuando nos encontramos en situaciones como esta, sentir la necesidad de hablar con el objetivo de consolar a la otra persona. La tentación de querer convencerla para que no volviera a intentar quitarse la vida fue muy grande, pero conseguí ser paciente; el objetivo era que pasara el tiempo, las emociones intensas que te pueden llevar a plantearte ponerle fin a tu propia existencia no suelen durar mucho tiempo, al menos no con tanta intensidad. Forzar una conversación podía recordarle el motivo que la había llevado al borde del precipicio; hacer cualquier cosa, como desayunar, podía distraerla y rebajar mucho la magnitud de la emoción.

Tal y como te comentaba, uno de los errores más frecuentes en situaciones como esta es de repasar los motivos que la persona tiene para vivir (la familia, el trabajo, los amigos…) ya que no se sabe si es justamente alguna de estas cosas las que están causando un dolor tan insoportable como para tomar la decisión que Mar había tomado.

Hacer alguna pregunta como «¿Hay algo que te preocupe?» o «¿Te puedo ayudar de alguna manera?» puede dar pie a conocer qué puede anclar a esa persona a la vida. Quizá te pida que des un mensaje a alguien, o que alimentes a una mascota, o cualquier otra cosa que, aunque a ti pueda parecerte poco importante, a ella, en un momento como el que se encuentra, le puede servir para aferrarse de nuevo a la vida.

El caso es que pocas eran las cosas que yo podía hacer por ella sin abandonar el faro, de manera que me decidí por intentar distraerla de sus pensamientos invitándola a compartir conmigo las actividades que solía hacer para cumplir con mi trabajo.

—Mar, esta mañana tengo que hacer algunos trabajos en los alrededores del faro, ¿quieres venir?

–No, gracias, mejor me quedo.

Me preocupaba mucho lo que pudiera hacer en mi ausencia, pero soy de la opinión que las personas adultas deben ser capaces de tomar sus propias decisiones y que, aunque está muy bien ofrecer ayuda cuando atraviesan momentos duros, no podemos imponerla, incluso en los casos más extremos como este.

La única excepción a esto que te comento es cuando alguien está fuera de sí, sin ser completamente consciente de sus actos porque ha consumido alguna droga, porque está con un nivel de cansancio o de estrés que nubla su juicio o porque acaba de recibir una muy mala noticia y apenas ha tenido tiempo de hacerse a la idea. De modo que, aunque me preocupaba mucho el bienestar de Mar, le dije:

–Siéntete en tu casa, come, descansa, lee, haz lo que te plazca. Es posible que escuches algunas llamada por radio. Junto a la emisora hay un lápiz y una libreta, si respondes, anota la información que te comuniquen y, si no lo haces, no te preocupes, que seguro que lo intentarán de nuevo más tarde.

–Gracias, Javi.

Pasé la mañana trabajando en los alrededores, aunque dedicando continuos pensamientos a Mar y a cómo se encontraría, preocupado, pero bastante más tranquilo que unas horas antes. De sobra sabía que el día jugaba a mi favor: la mayoría de las muertes por suicidio se dan de madrugada, ya que permanecer despierto durante la noche agrava mucho la sensación de tristeza y desesperanza, mientras que la luz del sol nos eleva el ánimo. Sabemos que la vitamina D la sintetizamos principalmente gracias a la exposición de los rayos del sol y participa en la producción de serotonina –neurotransmisor que desempeña un papel muy importante en la regulación del estado de ánimo–. Es justamente por esta relación entre la serotonina y la luz del sol que se da el que conocemos como trastorno afectivo estacional, cuando la falta de luz durante el invierno disminuye los niveles de serotonina provoca en muchas personas un bajo estado de ánimo y síntomas ansiosos.

El día, aunque frío, era muy soleado, lo que, junto con el buen desayuno que nos habíamos tomado, la ayudaría sin duda a mejorar su ánimo. Sé que puede parecer algo muy trivial, el sol y una tostada, pero son las pequeñas cosas como estas las que nos permiten recuperar parte de nuestro bienestar. ·

No podía dejar de pensar en qué podía ser lo que entristecía tanto a Mar, pero de sobra sabía que antes de conocer los motivos que habían llevado a mi joven amiga al borde del acantilado, tenía que ayudarla a recuperarse físicamente; primero el cuerpo y luego, poco a poco, iríamos recuperando su espíritu.

Alrededor de mediodía, volví de nuevo al faro y ahí estaba ella, sentada en la butaca que había enfrente de la estufa de leña. Esta ya se había apagado, pero Mar continuaba mirando hacia su interior como quien espera que reviva una llama, que ya debía de hacer un buen rato que había consumido todos los troncos que le hacían de combustible.

Desde la antigüedad la atracción por el fuego nos ha acompañado, ya en el momento en que el *Homo erectus* empezó a dominar el fuego, la evolución humana adquirió otra dimensión.

Nuestros antepasados se reunían en torno al fuego, lo que les proporcionaba calor, luz y protección. Pero el aspecto más importante es el que tiene que ver con el desarrollo de su cerebro, la posibilidad de cocinar, lo que permite consumir muchas más calorías que comer solo alimentos crudos de difícil digestión.

Por todo esto, no resulta extraña la enorme atracción que, aún en la actualidad, los seres humanos sentimos hacia este elemento, y es normal que Mar sintiera confort y reparación frente a la estufa de leña.

–Hola, Mar –dije en voz baja.

Ella permaneció en silencio, inmutable.

Vacié las cenizas, cogí algo de leña que tenía preparada junto a la puerta y encendí de nuevo la vieja estufa. Algo cambió en su expresión, la estancia que hacía apenas un instante permanecía en el más absoluto silencio ahora tenía algo de vida. El crepitar de la leña, las luces y las sombras que, a juego con el movimiento del fuego, danzaban por la estancia y un sutil olor a madera quemada crearon un ambiente acogedor hogareño. Vi claro que aquello no se le hacía extraño y que de algún modo reconfortaba su alma herida, vacía, casi muerta.

Los olores de nuestra infancia suelen venir acompañados de recuerdos, y estos de emociones. Es curioso cómo un olor puede evocar un recuerdo incluso mejor que una fotografía. En este caso, era evidente que el olor a leña quemando reconfortaba a mi melancólica invitada.

–¿Qué te apetece que comamos? –pregunté.

De nuevo el silencio.

Preparé una sopa de fideos con unos pequeños trozos de pollo. Le acerqué un plato y una cuchara.

–Gracias –susurró.

Yo cogí otro plato para mí y ambos comimos en silencio sin dejar de observar el fuego.

Al terminar de comer, Mar recogió la mesa y luego los cacharros. Mientras tanto, yo me dediqué a poner de nuevo en orden la estancia que hacía de comedor y sala de estar.

–Salgo otra vez. Volveré a eso de las seis.

De nuevo sin respuesta por parte de Mar.

Es curioso que, cuando uno viene de estar solo, apenas necesita nada de los demás. Lo cierto es que cuando me encontraba completamente solo en el faro también solía decir en voz alta lo que iba a hacer. En cierto modo, la compañía de Mar, aunque silenciosa, había sido un gran avance para mí.

Ponerles palabras a mis pensamientos me ayudó mucho durante todo ese tiempo que pasé solo, tanto a la hora de ordenar mis ideas como a la de gestionar mis emociones. No sé quién sería el que dijo que hablar solo es cosa de locos, lo cierto es que, al principio de estar sin Juan en el faro, el silencio estuvo a punto de llevarme a la locura; cuando me di cuenta de ello, empecé a decir en voz alta todo lo que me pasaba por la cabeza y me di cuenta de que poco a poco empezaba a disfrutar de nuevo de mi compañía.

Los pensamientos silenciosos nacen de las emociones, y estas muchas veces exageran a la hora de interpretar lo que sucede a nuestro alrededor. Aunque podemos sentir una cierta graduación de la tristeza o la alegría, estas no tienen tantos matices como los pensamientos que creamos a partir de las palabras. Es muy posible que hayas escuchado en alguna ocasión la expresión «la palabra cura» haciendo referencia a la terapia psicológica y con mayor frecuencia en otras escuelas como el psicoanálisis. Y así es, es cierto que las palabras tienen la capacidad de consolar, de rebajar el malestar, de ayudar a la mejora, hablar es una de las mejores estrategias para abordar la depresión y la ansiedad, pero curiosamente, y en contra de lo que la mayoría de las personas pueden creer, las palabras que curan no son las del psicólogo, las palabras que curan son las del paciente, que aprende durante la terapia a escoger correctamente aquellas expresiones que mayores beneficios le pueden aportar a la hora de interpretar lo que sucede a su alrededor y a gestionar las emociones que de eso se deriven.

Cuando nos encontramos solos, es fácil que el silencio vaya ganando terreno y nuestra experiencia interior va desplazándose de la racionalidad, que nos ofrecen los pensamientos que nacen de las palabras, a la exageración e irracionalidad de los que nacen de las emociones.

Como ya te he comentado, Mar apenas hablaba y, aunque notaba una cierta mejoría en su ánimo, estaba seguro de que las largas horas que pasaba sola sin hacer apenas nada debía de hallarse inmersa en emociones como la pena y la culpa. Para poder salir de ese estado, era necesario que empezara a explicarme cómo se sentía, qué la había llevado a sentirse así y qué creía que podía ayudarla a salir de su desesperación. Pero no hacía mucho que era yo el que se había encontrado inmerso en una pena y una culpa que posiblemente no eran tan distintas a las que ahora ella sentía y, al igual que ella, yo también necesité tiempo para poder ir tomando conciencia de mi malestar y de la necesidad de ponerle solución.

Esta experiencia personal hizo de mí un hombre paciente y respetuoso con las emociones y los procesos de los demás.

Es extraño encontrar a alguien que no se preocupe e interese por el bienestar de quienes le rodean. Solo el 1% de las personas son psicópatas, lo que significa que carecen de empatía y, por lo tanto, son sujetos egoístas y con un completo desinterés por el bienestar ajeno. Como curiosidad, te diré que este porcentaje asciende hasta casi el 4% cuando analizamos las personalidades de políticos y altos directivos. Si lo piensas bien, esto no es extraño, ya que tomar decisiones pensando únicamente en nuestro propio beneficio nos ayuda a pasar por encima de los demás a cualquier precio. No debemos confundir el psicópata con el sociópata: el primero carece de la capacidad de sentir la emoción del otro como propia, y eso le lleva muchas veces a actuar con egoísmo, mientras que el sociópata no solo no siente la emoción ajena, sino que además tiene una concepción de lo que está bien y de lo que está mal que poco o nada tiene que ver con la que tenemos el resto de la sociedad, lo que le puede llevar a actuar de manera mucho más cruel.

De modo que la inmensa mayoría de nosotros –los no psicópatas– sentimos las emociones ajenas como propias, lo que nos suele llevar a hacer lo posible por remontar el ánimo de quienes nos rodean. Todos sabemos que llorar mejora el estado de ánimo y, sin embargo, cuando encontramos a un amigo llorando, hacemos todo lo posible para que deje de hacerlo. Con ello no pretendemos reconfortarlo, sino que lo hacemos para evitar vernos nosotros arrastrados por su tristeza. La compasión es justamente eso, sentir parte de la emoción del otro como propia, sentir su pena, y para ello uno tiene que estar preparado o, de lo contrario, intentamos con urgencia que se sienta mejor, lo que le lleva a inevitablemente a sentirse frustrado e incomprendido.

Es esta capacidad, la de estar bien solo y dar espacio a los demás para encontrar la paz en su soledad, la que me convirtió en una buena compañía para Mar. Ella necesitaba tiempo para confiar y espacio para reparar todo lo que la había sumido en la más profunda de las tristezas. Las prisas son el mayor enemigo a la hora de ayudar a quienes se encuentran sumidos en la depresión o secuestrados por la ansiedad. Así que durante algunas semanas actué casi como antes de su llegada, como si continuara viviendo solo, con la única diferencia de procurarle comida, calor y un lugar confortable para descansar.

6. El muro

Seguimos así hasta que un día Mar empezó a interesarse por mi compañía y a comprometerse con su propio bienestar.

Pasados algunos días, poco a poco, fue recuperando el apetito, dormía algo más y, lo que puede parecer trivial y en realidad no lo es tanto, se interesó por su aspecto. Fue cambiando los colores oscuros por prendas mucho más luminosas que, aunque igualmente cómodas, le devolvían, cuando se paraba frente al espejo, una imagen mucho más acorde con ella y no un cuerpo oculto debajo de un gran saco casi negro.

El caso es que poco a poco fui viendo cómo su aspecto y su ánimo se iban recuperando al mismo tiempo, sin ser capaz de diferenciar entre si se veía mejor porque se encontraba mejor o se encontraba mejor porque se veía mejor.

Una parte muy importante de nuestro estado de ánimo viene condicionada por los estímulos que recibimos a través de cada uno de nuestros cinco sentidos. Lo que ves, lo que escuchas, lo que hueles, el gusto y lo que sientes a través del contacto físico modifican de manera muy importante tus emociones, y estas, por consiguiente, tu estado de ánimo.

Seguro que eres consciente de cómo una canción es capaz de darte energía o hacerte sentir melancolía, cómo una caricia o un abrazo pueden calmarte, o cómo un olor molesto o un ruido estridente pueden generar en ti intranquilidad e incluso miedo.

Muchos de estos estímulos no dependen de nosotros, no tenemos control sobre lo ruidoso que puede llegar a ser un vecino o la inoportunidad de una visita o de las noticias que escuchamos a través de nuestro transistor, pero hay muchos otros estímulos que sí dependen de nosotros: el orden de la estancia en la que estamos, las canciones que escuchamos, los lugares por los que paseamos, etc. Pero, sin ninguna duda, uno de los estímulos que más influyen en nuestro estado de ánimo es nuestro reflejo en el espejo. Y no, no me refiero a la belleza o a la necesidad de estar más o menos delgado, más o menos musculado; me refiero a un rostro cuidado, a una cara y a un pelo limpios, a ir bien peinado, a llevar una barba perfilada o la falta de ella en el caso de los hombres, a vestir una ropa cómoda y bonita que te haga sentir y verte bien. Las personas abandonamos el cuerpo y matamos el espíritu, pero este es un camino de dos sentidos; de modo que, al comprometernos con nuestro propio cuidado, estamos a la vez cuidando nuestro espíritu.

El caso es que, pasadas unas pocas semanas y ya con una imagen de sí misma mucho más aseada y bella, tras el desayuno, por fin se decidió a hablar.

—¿Puedo acompañarte hoy, Javi?

–¡Claro! Hoy pintaremos el muro bajo que separa el margen del camino…

–¿Por qué? ¿Qué sentido tiene pintar un muro que no ve prácticamente nadie?

–Lo veo yo… Y hoy lo verás tú. Y, además, lo verás primero sin pintar y luego pintado.

–Ya, pero no importa, no tiene sentido pasarnos el día pintando para verlo nosotros y solo de vez en cuando alguna persona que pase por aquí. ¿No sería mejor dedicar el tiempo a otra cosa?

–Es mucho más importante de lo que te imaginas. Si te parece, terminamos de desayunar, pintamos ese muro bajo y por la tarde, mientras preparamos la cena, te explicaré las tres razones por las que es tan importante pintar y mantener en perfecto estado el muro que separa el exterior de nuestro faro del área que lo compone.

–¿Nuestro faro?

–Sí, Mar –dije con una sonrisa–. Mientras estés aquí, todo esto te pertenece y a la vez tú perteneces al faro. Aquí no se está de paso: si vives en el faro, eres farera; esto es así.

Noté que le había gustado lo que le había dicho; seguramente hacía mucho que no sentía que perteneciese a ningún lugar ni que tampoco ningún lugar le perteneciese a ella.

El ser humano necesita, por un lado, sentirse útil, sentir que sirve, que su existencia aporta algo, que tiene un trabajo, una misión o un oficio; llámale como quieras, pero lo cierto es que no podemos solo pasar por este mundo sin mayor trascendencia, eso nos entristece y a la larga nos deprime. Por eso, ser rico no necesariamente significa ser feliz, pero tener un oficio, hacer muy bien algo sí puede proporcionarnos la felicidad. Y, por otro lado, hay otra necesidad que forma parte de nosotros desde los principios de la evolución, que es la de pertenecer: formar parte de algo, tener un lugar, un hogar. Necesitamos tener un sitio que consideremos nuestro hogar, a donde creemos que podríamos volver si tuviéramos que recuperar nuestras raíces. Al decirle a Mar que el faro le pertenecía y que ella era a la vez también parte del faro, le estaba ofreciendo un trabajo y un hogar. Y, aunque ella no fuera del todo consciente, en lo más interno de su ser, allá donde el ser humano y el animal se encuentran, sintió cierto alivio.

El trabajo, sea remunerado o no, ya seas mecánico o quien cuida de un jardín, da significado a nuestra existencia, la carencia completa de un objetivo convierte el vivir en sobrevivir. ¿Qué sentido tiene la vida si no haces nada con ella que mejore lo que te rodea o a quienes te rodean? Imagina que tus días pasan sin influir en nadie ni en nada, quizá pienses que este es tu caso. Casi seguro que no, si cuidas de algún animal o de alguna planta ya mejoras en algo el mundo por el hecho de estar en él. La consecuencia de tu trabajo facilita en algo la vida de alguien, si haces el mundo un poco más seguro, si acompañas, si limpias, si cuidas, si mantienes, si cocinas, si sirves comida, si cuidas de tus nietos, de tus padres o de tus hijos… Si no haces nada de esto, entonces a qué esperas, recoge un papel del suelo y tíralo a la papelera, interésate por las entidades sociales de tu barrio y ofrécete para ayudar; hay miles de cosas que podemos hacer para mejorar nuestra casa, barrio o ciudad. Y si todos hacemos a diario algún pequeño gesto, no solo mejoramos el mundo sino que además conseguimos cubrir una de nuestras necesidades básicas, aparte de comer, beber y tener un lugar donde cobijarnos de las inclemencias; me refiero a encontrar un sentido a nuestra propia existencia, y esto pasa siempre por mejorar en algo lo que nos rodea.

Si, por el contrario, tu existencia embrutece o empeora tu mundo, aunque quizá puedas sentir que tienes éxito y ganes mucho dinero, has de saber que no estás cumpliendo uno de los principales objetivos del ser humano: mejorar en algo la vida de quienes nos rodean, y eso, antes o después, puede condenarte a la soledad.

Terminamos el desayuno, un zumo de naranja y dos tostadas regadas con aceite de oliva y cubiertas con jamón, y anduvimos unos pocos metros hasta el margen donde pasamos la mañana, yo arreglando los desperfectos del muro bajo y Mar, unos pocos metros atrás, pintándolo con cal. La receta es muy fácil y extremadamente efectiva: cinco kilogramos de cal por uno de cemento, a lo que añades siete litros de agua, todo bien mezclado y consigues una pasta que, tras repartir con generosidad con una brocha, da ese blanco tan maravilloso que tienen las casas de las Islas Baleares. El resultado es un blanco limpio y luminoso que da una sensación de pureza y energía que contagia a quienes lo ven.

Iba avanzando el día y el cansancio nos iba haciendo mella.

Para mantener el ánimo y un buen nivel de energía, cada hora parábamos a beber agua con limón y azúcar; y cada dos horas y media comíamos un pequeño puñado de frutos secos; e incluso, de tanto en tanto, un poco de chocolate. Tras siete horas de duro trabajo, la cara interior del muro estaba ya reparada y completamente pintada.

Antes de volver al faro, nos sentamos bajo un algarrobo a dar los últimos sorbos de agua mientras mirábamos el precioso blanco de nuestro muro recién pintado. Los rayos del sol se reflejaban en sus piedras que, a pesar de llevar unos pocos cientos de años allí colocadas soportando las inclemencias del tiempo, después de nuestro trabajo, parecían recién estrenadas.

–¿Sabes, Mar? Gracias a tu ayuda, me he ahorrado prácticamente una jornada de trabajo. Trabajando los dos, no hemos hecho el doble del trabajo, sino casi el triple; ya que hemos tenido que hacer muchos menos viajes y no me he visto obligado a utilizar complicadas estrategias para suplir la falta de manos, tan necesarias en tareas como la que hoy hemos hecho.

–Es lo menos que podía hacer, ya que me has acogido en tu faro…

–Mar, yo no te he acogido, el faro no es mío. En todo caso, yo sería del faro, y no al revés. Ha sido el faro el que te ha acogido. O, mejor dicho: te ha escogido, como me escogió a mí. Él, de algún modo, te ha llamado, y por algún motivo nos ha hecho coincidir en este momento, creo que en el momento oportuno para los tres.

–¿Los tres?

–Sí, para ti, para mí y para el faro.

–Hablas del faro como si se tratara de una persona, como si tuviera voluntad propia… Te tenía por alguien mucho más racional, por un hombre de ciencia.

–Y lo soy, o por lo menos lo intento. Pero eso no quiere decir que no sea consciente de que hay cosas que se me escapan o que no entiendo. Son muchas las cosas que la ciencia todavía no puede explicar. Quizá, algún día, seamos capaces de comprender la fuerza que emana de algunos lugares, como sucede en nuestro amado faro. Hay personas que se sienten atraídas por unos sitios en concreto. Algunas casualidades parecen tener como única explicación que estamos predestinados a coincidir con determinadas personas en determinados momentos.

–Pero… ¿cómo puedes creer algo así y ser a la vez tan racional para otras cosas?

–No es cuestión de supersticiones, pero hay que ser conscientes de que, por el momento, la ciencia solo es capaz de explicar parte de lo que sucede a nuestro alrededor y dentro de nosotros mismos. Es mucho lo que desconocemos de la naturaleza y del funcionamiento de nuestro cerebro.

»Hace miles de años, la ciencia no podía explicar ninguno de los sucesos naturales que tienen lugar a diario, de manera que la lluvia, las estaciones, las mareas o incluso la salida y la puesta del sol se explicaban como la consecuencia de la intervención de los dioses. Afortunadamente, la ciencia progresa y cada vez es capaz de explicar más sucesos. Un necio es el que niega lo que sabemos. De manera irrefutable, se han demostrado muchas teorías para seguir insistiendo en supersticiones, pero no es menos necio quien cree que ya lo sabemos todo o que no hay lugar para la espiritualidad en la sociedad moderna.

»Quizá, en unas pocas decenas de años, la ciencia podrá explicar cómo una madre puede saber con certeza que algo malo le ha pasado a su hijo. Por ejemplo, durante la Guerra del Vietnam, al ejército de Estados Unidos le llamó la atención el gran número de veces que algunas madres llamaban para quejarse de que no se les había informado sobre la muerte de su hijo en el frente; cuando les preguntaban cómo se habían enterado, les respondían que simplemente lo sabían. De momento, esta y muchas otras cosas continúan sin explicación por parte de la ciencia y, mientras esto suceda, seguiremos haciendo sitio a una espiritualidad que tanto necesita el ser humano.

»Tal vez te ha pasado que alguien en quien hacía mucho que no pensabas te ha venido a la mente y, de repente, te lo has encontrado de frente al girar la esquina o te ha llamado por teléfono.

»Es muy posible que, antes de desarrollar el lenguaje, los seres humanos fuéramos capaces de advertir el peligro, de solicitar ayuda o de transmitir otros sencillos mensajes relacionados con la supervivencia de manera telepática; quizá algún día podamos demostrar que algo de esto nos queda en lo más profundo de nuestra mente.

»Quizá también algún día sabremos el porqué de ello, pero

hoy por hoy es necesario aceptar que son muchas las cosas que desde la ciencia no se pueden explicar, y la conexión entre algunas personas, la energía que transmiten algunos lugares, cómo sanamos o enfermamos en ellos, la conexión que existe con los muertos, con la naturaleza y un largo etcétera son algunos de estos maravillosos ejemplos.

»Huye de quien dice con seguridad conocer o controlar estas maravillas y huye también de quien niega lo que es evidente, como el hecho de que algunas personas están destinadas a conocerse y de que algunos lugares poseen la capacidad de sanar el espíritu de los que se ven llamados a visitarlos.

»Desconozco el motivo, pero sé que hay un lugar en la tierra en el que me siento completamente a salvo y sin necesidad de mostrarme distinto a mi verdadero ser, un lugar en el que me siento más fuerte, más lúcido y en paz, y este lugar es precisamente este faro.

–Caray, Javi, me sorprende cuánto sabes.

Cuando Mar dijo estas palabras, me acordé de mí mismo años atrás diciéndole exactamente lo mismo a mi viejo amigo Juan. Esta vez yo no dije nada, alcé la cabeza, sonreí e hice un guiño al cielo.

7. La mirada

Es curioso cómo nuestra propia identidad depende de los ojos de la persona que nos mira. Ahora yo era como mi viejo amigo, pero si podía parecerme a él era porque alguien me veía tal y como yo años atrás le veía a él. Una parte de quienes somos nos viene dada por los ojos de quien nos mira.

Esto se conoce como efecto Pigmalión y no es otra cosa que la influencia que otros tienen en nuestra autopercepción. El término hace referencia al mito de Pigmalión, que es una obra literaria que data del año octavo después de Cristo. Entre otros relatos, explica cómo un escultor se enamora de su propia obra, que gracias a Afrodita cobra vida. Esta historia es utilizada desde la psicología y la psiquiatría para ejemplificar hasta qué punto lo que nosotros proyectamos en los demás puede llegar a influir, primero, en su autoestima y más adelante en su conducta. Creer que alguien destacará en una actividad como el estudio o el deporte hace mucho más posible que esto termine por suceder.

Mar estaba alimentando en mí la idea de que era alguien con mucho e importante conocimiento, todo el trabajo que había venido haciendo los últimos años necesitaba de la confirmación por parte de alguien. Uno puede hacer todo lo necesario para ser un gran maestro: estudiar, cuidar su cuerpo, aprender a calmar la mente, ser virtuoso con sus conductas, etc., pero sin un aprendiz que le reafirme nunca llegará a sentirse como un verdadero maestro. Es así como se llega a formar nuestra identidad.

Curiosamente, el modo de integrar la opinión que de nosotros tienen quienes nos rodean también dependerá de nuestra cultura, ya que esta condiciona el idioma en el que nos expresamos. Algunos idiomas no permiten diferenciar entre lo que haces y lo que eres. En la lengua española, por ejemplo, podemos diferenciar entre lo que uno hace y lo que uno es, podemos decir que Pedro se ha visto obligado a mentir, pero que en realidad no es un mentiroso, sino una persona honesta. El uso del lenguaje nos permite justificar y separar la acción de la identidad.

El lenguaje marca de manera muy importante lo que piensas acerca de ti mismo y de los demás. Pero ¿qué es el lenguaje?

Si hay algo que nos diferencia del resto de los animales, es sin ninguna duda el uso del lenguaje y las posibilidades que este nos da, tanto a la hora de comunicarnos como a la hora de razonar para desarrollar un conocimiento que va mucho más allá de lo evidente.

Cómo y en qué momento surge el lenguaje es algo que la ciencia aún no ha sido capaz de explicar. El aumento de nuestro cerebro, concretamente del lóbulo frontal, que es el responsable del lenguaje y del pensamiento creativo y artístico, fue un avance evolutivo necesario para la aparición del lenguaje. Aunque el momento de la aparición del lenguaje continúa siendo un misterio, podemos remontarnos unos 150.000 años, momento en el que se puede asegurar la existencia del hueso hioides, que se encuentra en la parte anterior del cuello, soportando la laringe, sin el cual los humanos no podrían desarrollar la capacidad de hablar. Otro modo de datar la aparición del lenguaje es a partir de hallazgos como pinturas y herramientas. Y en lo que todos los expertos están de acuerdo es en que el *Homo sapiens* podía comunicarse de manera oral y que posiblemente fue esta capacidad la que le permitió llegar desde el continente africano al resto del mundo.

La expresión de los pensamientos, el modo de dar forma a lo que sucede en nuestra mente, es la que permite que podamos pensar y dar a conocer nuestras ideas a otras personas. El lenguaje es lo que hace posible que podamos pensar acerca de lo que pensamos, nos ayuda a compartir los pensamientos con los demás y, lo que es todavía más importante, nos permite modificar nuestros propios pensamientos para terminar acercándolos a nuestra escala de valores.

Es importante conocer el funcionamiento de nuestro cerebro para ser capaces de tener un cierto control sobre nuestros pensamientos y la gestión de las emociones.

El cerebro es el órgano ubicado en la cavidad craneal y supone el 85% del encéfalo, el otro 15% se corresponde con el tronco encefálico y el cerebelo.

El tronco encefálico, también conocido como cerebro reptiliano, es el encargado de controlar el corazón, la respiración, la temperatura del cuerpo, la sexualidad y sensaciones como el hambre y la sed. Se conoce como cerebro reptiliano porque es el encargado de activar las respuestas de atáque o de huida, fundamentales a la hora de sobrevivir.

El sistema límbico, también conocido como cerebro emocional, formado por el tálamo, el hipocampo, el hipotálamo y la amígdala, es el encargado de guardar los recuerdos y activar o desactivar emociones. Es el encargado de los instintos.

A continuación, encontramos el neocórtex, donde se dan el lenguaje y la imaginación o la creatividad. Nos permite juzgar situaciones, aprender nuevas conductas o encontrar soluciones.

Este órgano se encuentra dividido en dos hemisferios con la particularidad de que cada uno de ellos controla el lado opuesto del cuerpo; de modo que el hemisferio izquierdo, que con más frecuencia es el predominante, es el encargado de la parte derecha del cuerpo, mientras que el hemisferio derecho controla el lado izquierdo.

El hemisferio derecho se suele relacionar con la parte más artística e intuitiva; el izquierdo parece estar más encargado de la lógica, las matemáticas o el lenguaje. Aunque los hemisferios se encuentran divididos, existe una vía de comunicación que conocemos como cuerpo calloso.

Dentro de los hemisferios, es necesario también conocer las funciones de los cuatro lóbulos. Por la mente pasan con frecuencia pensamientos desagradables como «No soy lo bastante bueno», pasan otros catastróficos como «Cualquier día me falla el corazón y me muero», también pasan algunos malvados como «Ojalá que este tío se muera y así deje de molestar», y un largo etcétera de ideas con las que no nos identificamos en absoluto, ni siquiera sabemos de dónde salen, pero ahí están, pensamientos que tienen que ver con pegar, ser infiel, robar o incluso quitarle la vida a alguien. Pueden ser algunas de las ideas que se te pueden cruzar por la cabeza, lo curioso es que muchas veces el motivo por el que estos pensamientos aparecen es porque precisamente son contrarios a tu escala de valores. Si piensas que lo peor que puedes hacer a quienes te quieren es dañarlos, es fácil que este pensamiento fugaz te lleve a pensar «¿Por qué estoy pensando en dañarle?». Cuando la realidad es que la idea inicial era «Lo peor que podría pensar es en dañar a quien quiero». Confundir una idea o un pensamiento con la voluntad de hacerlo realidad te puede causar un malestar tan grande que te lleve a obsesionarte y eso te impida avanzar al centrar toda tu atención en una idea que nace de la mala interpretación de un pensamiento que nada tiene que ver con tu voluntad ni con tu escala de valores. Algo que no deseas ni has ejecutado, pero que su mera idea te provoca un malestar tan importante que te impide pasar por alto que has tenido ese pensamiento.

¿Cuál es el objetivo entonces?

¿Qué hacemos con todas estas ideas?

¿Cómo conseguir que no nos influyan de manera negativa?

Hemos de aceptar que la mayor parte de los pensamientos que se cruzan por la mente son conscientes (ya que nos damos cuenta de ellos), pero involuntarios (no los hemos buscado, no pretendíamos tenerlos ni hemos hecho nada para que aparezcan). Y que del mismo modo que no culpamos a quien sin querer nos perjudica (si paseando por la calle alguien tropieza con nosotros sin la menor intención, no lo increpamos por ello y lo disculpamos de inmediato), hemos de ser comprensivos con nuestros propios pensamientos y aceptarlos como lo que son, ideas aleatorias que nos pasan por la mente; hemos de actuar del mismo modo que lo hacemos con el transeúnte despistado, al que, sin prestarle demasiada atención, le permitimos continuar con su camino y pasamos a olvidarlo de inmediato.

La meditación será la clave para ser capaces de aprender a escoger entre los pensamientos a los que les prestamos atención y los que dejamos pasar sin darles más importancia.

Una buena manera de empezar con la meditación es hacer respiraciones profundas durante tres-cinco minutos. A medida que seas capaz de ir aumentando este tiempo sin pensamientos intrusivos, irán aumentando los beneficios de esta práctica. Te enumero algunos de ellos:

- La mejora del estado de ánimo, como consecuencia de la habilidad que desarrollamos a la hora de identificar pensamientos negativos y sustituirlos por otros mucho más racionales y adaptativos.
- Aumenta nuestra capacidad para concentrarnos, lo que tiene como principal consecuencia una mejora de nuestra memoria.
- Al evitar las constantes idas y venidas de nuestros pensamientos, conseguimos un estado emocional mucho más equilibrado, con menos juicios hacia uno mismo, lo que nos permite sentirnos en paz, y hacia los demás, y nos convierte en personas más agradables.
- Son muchos estudios los que apuntan que existe una relación entre la meditación y la disminución de enfermedades como la demencia.
- Mejora nuestra salud cardiovascular al reducir la tensión muscular y fortalece nuestro sistema inmunológico.
- Por último, al aprender a controlar nuestros pensamientos, mejora la calidad del sueño, tanto a la hora de conciliarlo como de mantenerlo y reduce el estrés y la tensión muscular.

Como puedes ver, son muchos y muy variados los beneficios que la meditación tiene tanto en nuestra salud física como emocional, por lo que es muy bueno reservarle un rato todos los días.

Por desgracia, esto no resulta tan sencillo cuando la mera idea de haberlo pensado causa una culpa, una pena o una vergüenza tan grande que no me permite continuar como si nada.

¿Recuerdas cómo se ha iniciado esta disertación?

Las palabras de Mar sobre mis conocimientos habían reforzado mi propia identidad de maestro, de la palabra al pensamiento. Pero muchas veces las ideas aparecen sin previo aviso en nuestra mente y pueden llegar a causarnos emociones como el arrepentimiento, la culpa o la vergüenza. Es entonces cuando, de manera consciente, debemos hacer entrar en juego el lenguaje, porque este requiere de la conciencia –igual que el pensamiento–, pero necesita además de la voluntad.

No eres responsable de lo que piensas, pero sí que lo eres de lo que dices, ya que las palabras necesitan de la intención, de manera que para poder quitarle el poder a estos pensamientos lo que tienes que hacer es irlos modificando al tiempo que los expresas. Por ejemplo, decir: «Quiero tanto a Pedrito que la mera idea de pensar en hacerle daño ya me provoca un malestar enorme». De este modo, lo que hacemos es reconocer un pensamiento espontáneo y expresarlo de modo que sí refleja mi voluntad de no hacer daño, al tiempo que le das una explicación a la emoción que te ha hecho sentir.

Quizá te pueda parecer una locura el ir diciendo en voz alta parte de lo que piensas, ya que nos suelen decir, como hemos comentado antes, que hablar solos es de locos, pero es que no estás hablando solo. Eso es imposible, ya que siempre hay alguien que te acompaña, estás tú, estás hablando contigo, y lo estás haciendo porque te has dado cuenta de que los pensamientos que estabas teniendo no te agradaban y justamente por eso has decidido tomar el control y empezar a hablarte bien.

La mayoría de las personas no saben sacar provecho al lenguaje, lo utilizan solo para pedir lo que quieren o compartir sus ideas, y no explotan por completo las posibilidades que nos da a la hora de gestionar nuestros propios pensamientos y con ellos las emociones que sentimos.

La diferencia entre los seres humanos y otros animales es que las personas disponemos del privilegio del lenguaje y es necesario sacarle todo el provecho posible. La mente puede estar cargada de miedos, de prejuicios, de complejos y, por más que lo intentes, no podrás acallarlos a menos que te decidas a tomar el control mediante el correcto uso del lenguaje para, de este modo, ajustar tus ideas y pensamientos a valores y voluntades.

Si quienes vivimos en un lugar como este faro podemos crecer del modo que lo hacemos, es porque la persona con quien pasamos todo el tiempo —nosotros mismos— nos apoya sin condiciones, nos acepta sin prejuicios y nos motiva sin límites.

Empieza a hablarte bien y comenzarás a ser responsable de tu propia identidad y autoestima.

Es cierto que somos lo que decimos y hacemos, pero no es menos cierto que también somos lo que otros ven en nosotros.

Mi evolución ya se había dado antes, pero no podía darse por completada hasta que otra persona fue capaz de verla y me lo hizo saber.

Fue la mirada de Mar la que selló la realidad del trabajo de crecimiento que durante tanto tiempo y en soledad realicé en ese apartado paraíso.

8. La ciencia de la conducta

Llegamos al faro, comimos una ensalada y algo de carne y nos pusimos a encender el fuego. Fue en ese momento cuando Mar, curiosa, me preguntó por las tres lecciones que se escondían tras la acción de pintar el muro.

–¿Me puedes explicar ahora las lecciones del muro?

–Claro, Mar. La primera tiene que ver con la belleza.

–¿Cómo? –exclamó ella de lo más sorprendida.

–Sí, Mar, has oído bien. La belleza, la belleza del orden, del equilibrio, la belleza que desprenden las cosas bien hechas y que nos da un estado de paz y armonía. La belleza de una casa recogida, de un jardín cuidado o de la ropa limpia. Esa misma belleza que tú misma descuidaste cuando no te sentías bien y que fuiste abandonando poco a poco. Fue esa misma falta de autocuidado la que te hacía sentir desencanto ante tu propio reflejo. No se trata del color de los ojos o de lo caro de los objetos que posees, es la belleza que tienen todas las personas y las cosas cuando se les da valor y se cuidan como lo que son, un tesoro. Antes de iniciar nuestro trabajo, había un montón de piedras al margen de un camino, y nosotros le hemos dedicado tiempo y mimo para poner las piedras que se habían caído. Hemos puesto cemento en los huecos, las hemos pintado con mimo y el resultado es una gran línea de piedras blancas y ordenadas, que parecen sentirse orgullosas de estar donde están, y nosotros al terminar nos hemos sentado bajo ese algarrobo, ¿lo recuerdas?

–Claro.

–¿Y qué te ha parecido?

–Me ha gustado.

–Pues a esa belleza me refiero. A la misma que hace unos pocos días has vuelto a desprender. Si uno se despierta y no le importa la imagen que proyecta, si no dedicamos tiempo a peinarnos, a planchar la ropa… Si no nos dedicamos la mínima atención, ¿por qué los demás deberían actuar de un modo distinto con nosotros? Y no estoy hablando de relojes caros y coches de lujo, me refiero a asearnos, a peinarnos y a cuidar y a escoger la ropa con la que nos presentamos a los demás y al reflejo que veremos de nosotros mismos al pasar frente a un espejo. Esta es la verdadera belleza, la de decirnos: «Soy importante, merezco la pena y por eso me cuido». Haz extensivo esto a todo lo tuyo, a tu coche en caso de tenerlo, a tu hogar, a la bicicleta, a las plantas de tu casa…, y verás cómo desprenderás belleza. Le estarás haciendo saber a los demás que eres de fiar, que cuidas las cosas, que se puede contar contigo. Y, lo más importante, te lo estarás recordando a ti misma en todo momento cada vez que veas una de tus cosas cuidada y mantenida con mimo y cada vez que veas tu reflejo en cualquier lugar.

–Cuánta razón, Javi. Lo cierto es que apenas me cambié de ropa los días anteriores a mi llegada al faro, ni los posteriores a tu encuentro. No me gustaba verme, no me reconocía, sentía pena de mí misma.

–Está bien que te hayas dado cuenta. Esfuérzate en tu cuidado y verás cómo poco a poco irás ganando confianza hasta sentirte orgullosa de ti misma, como seguro se siente hoy nuestro muro.

–Esta es una muy buena lección, la recordaré.

–Te cuento entonces la segunda. Para explicarte esta segunda lección te hablaré primero acerca de un experimento que hizo un profesor de psicología de la Universidad de Stanford, llamado Phillip Zimbardo. El caso es que Zimbardo se hizo mucho más conocido por otro experimento llamado «el de la cárcel de Standford», pero este no es el que hoy nos interesa. Aunque, Mar, cuando tengas un rato no estaría mal que investigaras sobre él, ya que seguro que te permite extraer lecciones muy interesantes.

»Este experimento tuvo lugar en el año 1971 y consistió en reclutar a veintiún jóvenes para que ejercieran los roles de guardias y prisioneros en una cárcel ficticia que se construyó en el subterráneo del Departamento de Psicología de la Universidad de Standford. El resultado es que el experimento se tuvo que interrumpir de manera prematura después de revueltas y abusos y de superar los límites de la ética y la moral que cualquier experimento con seres humanos debe mantener. Son muchas las conclusiones que podemos extraer de este experimento, pero yo destacaría que evidenció que, cuando un individuo se pone una máscara (de recluso o de vigilante), no tarda en olvidar su propia identidad y empieza a actuar según el rol que le han asignado.

»El caso que hoy nos concierne es conocido como «el experimento de las ventanas rotas» y consistía en lo siguiente: Zimbardo se hizo con dos coches, uno de ellos lo aparcó en una zona pobre y conflictiva y el otro lo dejó aparcado en una zona rica y tranquila. A las pocas horas, el coche aparcado en la zona conflictiva presentaba ya muestras de vandalismo, mientras que el otro seguía intacto. Hasta aquí todo normal, pero el experimento tenía una segunda fase, que consistía en romper un solo cristal del coche ubicado en el barrio rico. A partir de ese momento, el vehículo del barrio rico no tardó en quedar en las mismas condiciones que el ubicado en el barrio conflictivo. ¿Por qué crees que sucedió esto, Mar?

–Está claro. Con el cristal roto parecía un coche abandonado o que había sido robado y a la gente no le debió de importar que se rompiera un poco más. Seguro que mucha gente curioseó o, por ver cómo se rompe un cristal, le tiraron una piedra o lo golpearon. No está bien, pero entiendo que si sabes que es el coche de alguien procuras no dañarlo, mientras que si está abandonado…, qué más da.

–Pues justamente eso mismo sucede con nuestro muro. Ayer parecía abandonado y dejado a su suerte, de manera que no podíamos esperar que otras personas fueran con cuidado con él. Hoy ya no, hoy es evidente que no está abandonado y que hay alguien que se ocupa de él, nosotros. Gracias a ello, otras personas también harán por mantenerlo en perfectas condiciones. De nuevo, esto mismo ocurre con las personas, ¿por qué tendríamos que cuidar a quien no se cuida a sí mismo? Si tú ves a una persona con una buena imagen, que parece en apuros, es más probable que trates de ayudarla que si parece sucia y descuidada. Sé de sobra que esto que te digo no es bonito, ya que si alguien está en apuros deberíamos ayudar siempre. Pero ¿sabes, Mar?, la psicología del ser humano no es políticamente correcta y del mismo modo que actuamos con los coches y las cercas lo hacemos con las personas. Si tú no te cuidas, ¿por qué debería hacerlo yo? La respuesta es evidente: porque el que no se cuida –ya sea por llevar una mala alimentación, por consumo excesivo de alcohol o de drogas o por falta de higiene–, suele hacerlo porque no puede, porque está enfermo o porque le faltan los medios… Pero las personas no vamos tan allá: si tu aspecto es cuidado y me necesitas, podrás contar conmigo; si me parece que no te cuidas a ti mismo…, normalmente miraremos para otro lado.

–Pues es una pena.

–Sí, Mar, lo es. Pero ¿acudirás igual de rápido a socorrer a un borracho o a un vagabundo que a quien no lo es?

–Me gustaría decirte que sí, pero lo cierto es que, si te soy sincera…, no. Me dará miedo ayudar a un borracho, a un vagabundo o a un loco… ¿Quién sabe cómo reaccionarán?

–¿Y sabes cómo sabes todo eso de una persona…? Por su imagen. Te haces una opinión de las personas a partir de la imagen que proyectan. Cuanto más te cuides tú, más te cuidarán los demás. No debería ser así, pero esto es justamente lo que ocurre.

»La tercera de las lecciones es también muy importante. Quizá la más importante, ya que no tiene que ver con cómo te ves, ni con cómo te ven los demás que, aunque ciertamente importa, no es ni de lejos lo que más importa, es la lección de lo que haces, lo que dejas en el mundo, tu huella. A veces es una huella un tanto efímera, puede durar un rato, un día, unos meses, años o décadas, pero créeme si te digo que esta huella importa.

–¿Cuál es esa huella? ¿A qué te refieres? Dudo que nada de lo que yo pueda hacer llegue a ser realmente importante…

–Todo, absolutamente todo lo que haces deja una huella a su paso, Mar. El café que preparas y me ofreces por la mañana, ese café que haces con mimo, eso ya deja una huella, la deja en mi paladar, la deja en mi ánimo, durante una rato la deja en mi memoria, todo deja huella y todo importa. Ese es ya el primer trabajo bien hecho de tu jornada, ahí empieza todo, el ceder el paso, el enviar un *e-mail* bien redactado y con espíritu de ayudar o de contagiar pasión a tus compañeros o colaboradores. Un plato sabroso y bien servido, una mesa puesta con mimo; todo ello son pequeñas acciones que cambian tu mundo. Y si cada persona cambia su mundo, entre todos hacemos de este, nuestro mundo, un lugar mejor, tal y como dijo la Madre Teresa de Calcuta.

«Si **cada uno** barriera la puerta de su casa,
el **mundo** estaría limpio».

–Desde ahora, cada vez que pases junto al muro verás una pared blanca, limpia y en orden que te recordará que lo hiciste bien, y te hará sentir mejor, confiada y segura. A veces tendremos problemas, se perderá algún marinero cerca de nuestras costas, se estropeará algo del faro o nos darán una mala noticia, pero mientras todo esto ocurra, ahí estará nuestro muro, blanco, fuerte y precioso recordándonos que no todo está mal.

»Empieza por cosas pequeñas y fáciles como hacer la cama o planchar la ropa, y verás cómo poco a poco te vas sintiendo cada vez más segura y confiada. Nadie puede conseguir grandes hitos si no ha hecho bien primero las pequeñas cosas. Puedes empezar por preparar un buen desayuno, luego algo que pueda influir en los demás, como ofrecer tu ayuda; más tarde algo que perdure, como cuidar y mantener nuestra cerca, y luego estarás ya preparada para conseguir grandes cosas.

–Cuánta razón. Lo cierto es que me siento orgullosa de cómo nos ha quedado el muro y con más confianza.

–Cuando no nos encontramos bien, dejamos de hacer primero aquellas cosas que solíamos hacer cuando estábamos más animados y poco a poco todo lo demás. Por lo que, a nuestro estado de ánimo, cada vez más bajo, se le va sumando una peor autoestima. Pero no podemos pasar de nada a todo, hay que darse también tiempo para recuperarse.

9. Derecho a la tristeza

No me gustaría que pensaras que darle la vuelta a nuestro estado de ánimo es tan sencillo como pintar un muro, o que las personas que caen en una depresión lo hacen porque no se asean o no se peinan, en realidad es mucho más complicado.

Primero de todo, permíteme que te ayude a distinguir la tristeza de la depresión. La primera es un estado de ánimo transitorio, consecuencia de un acontecimiento más o menos importante, pero que no influye en la totalidad de la vida. Uno puede sentirse triste un momento y al rato reír o alegrarse por cualquier motivo que haya sucedido. La tristeza es una emoción y, por lo tanto, nace de un estímulo que puede ser fruto de la casualidad o a raíz de un pensamiento. Mientras que la depresión es una enfermedad mental, intensa, duradera y limitante; no basta con la voluntad para darle la vuelta o por lo menos no solo basta con la voluntad.

Los motivos de una depresión pueden ser dos. Puede ser una depresión endógena, que quiere decir que la causa principal es biológica y existe incluso un importante componente hereditario, o una depresión exógena, consecuencia de uno o varios acontecimientos que han tenido lugar en la vida de quien la padece; e incluso alguien puede padecer una depresión secundaria, como consecuencia de una enfermedad o de los efectos secundarios de un fármaco que se puede estar tomando para mitigar otra dolencia.

El caso es que lo más frecuente es que exista un poco de cada uno de estos motivos, una cierta predisposición, un acontecimiento y, por ejemplo, el desánimo y la flojera de un proceso gripal pueden ser un cóctel que nos lleve a la más profunda e insoportable de las tristezas.

Las personas no somos todas iguales y, por lo tanto, no podemos dar recetas mágicas para revertir algo tan incómodo e importante como es una depresión, pero ayuda no tener expectativas exageradas, ya que pueden generar una frustración que se añadirá a la colección de emociones desagradables que ya venimos sintiendo.

Vivimos en un momento complicado, en una constante dictadura de la felicidad, es difícil saber cuándo empezó todo esto. Si tuviera que poner un año, pondría el 2006, ya ves que no hace tanto. Es el año en el que se publicó *El secreto,* un superventas escrito por una guionista y productora de televisión que, sabiendo muy bien lo que hacía atractiva una historia, le dio forma a este relato pseudocientífico que explica cómo podemos lograr todo lo que nos propongamos si somos capaces de proyectarlo gracias a nuestro pensamiento e imaginación.

Sé que este puede parecer un mensaje inocente, pero créeme cuando te digo que no lo es. Se trata de una de las líneas de pensamiento más tóxicas y perjudiciales para la salud mental que han existido: dar toda la responsabilidad de lo que a uno le sucede a su propia capacidad para proyectar. Le hace creer al pobre, al abandonado y al enfermo que en realidad lo que les sucede es la consecuencia de lo que ellos mismos han planificado para su propia existencia.

¿Quién no ha pensado en la posibilidad de enfermar?

¿A quién no le pasa por la cabeza que un familiar pueda enfermar o tener un accidente?

¿Cómo puede sentirse quien está sufriendo por algo horrible y al mismo tiempo sentirse culpable por creerse responsable de ello?

El esfuerzo, el sacrificio y la actitud parecen ser las únicas responsables de nuestra vida… ¿Y las diferencias sociales? ¿Y el azar? ¿Y las injusticias? ¿Y la corrupción? ¿Y los abusos? ¿Y tantas y tantas otras cosas que hacen que la vida pueda irnos bien o mal independientemente de nuestro esfuerzo?

Esta teoría, conocida como «ley de la atracción», es una teoría estupenda para todos aquellos a quienes les van bien las cosas. Les viene a decir algo así: «No tienes que sentirte mal por ser un privilegiado o cualquier motivo que te haya aportado éxito. No te sientas responsable de quienes pasan hambre, no te preocupes por los enfermos, no sientas compasión por quienes están solos, ellos también podrían tener éxito como tú, basta con desearlo».

Mientras que a los más desfavorecidos les dice algo como:

«Si no logras tus objetivos, es porque no te esfuerzas lo suficiente, es porque no tienes una buena actitud, es porque no lo deseas e incluso porque, en lo más profundo de tu ser, has proyectado todo lo malo que te está pasando. No es culpa de nadie, el único culpable eres tú. No te quejes, no luches contra las injusticias, no reivindiques… Si no tienes éxito, es porque no quieres o porque no te afananas bastante».

Este es el verdadero veneno de nuestra sociedad, nos lo dicen constantemente en charlas y conferencias, lo dicen deportistas de éxito, economistas, *coach*, políticos e incluso algunos psicólogos.

Por eso vine aquí, vine a este faro huyendo de la pena y la culpa. La pena por lo perdido y la culpa que me generaba sentirme responsable. Cuál fue mi sorpresa cuando, estando aquí, donde estas voces callan, pude ver lo evidente y no es otra cosa que observar la vida pasar, sin juzgar. Las cosas buenas y las cosas malas, las que suceden como consecuencia de mis actos y las que simplemente pasan por azar, las que nacen de mí y las que me llegan del exterior.

Todo esto se lo conté a Mar, pero le recalqué:

–Mar, has llegado aquí sumida en la más profunda de las tristezas y yo comparto contigo algunas de las cosas que a mí me han funcionado, pero cada persona es un mundo, formada por experiencias diferentes, con recursos distintos y un cerebro que reacciona a los estímulos de un modo particular.

–¿Y cómo saber entonces si me puede venir bien todo esto que me explicas?

–Para eso tendrás que conocerte bien y de este modo saber qué hay de cada uno de estos aspectos en ti misma.

–Pues no lo sé. ¿Cómo llegar a conocerme?

–Reflexionando acerca de tu propia existencia. Empezó mucho antes de nacer, tus padres, ya sean biológicos o adoptivos, tenían unas expectativas puestas en ti: será un niño, una niña, le llamaremos de este modo o de este otro, le gustarán las motos, las muñecas o ambas cosas, será traviesa… Mientras todo esto pasaba, ellos hacían el amor, discutían, quizás fumaban o bebían alcohol, tal vez viajaban… Y mientras a ti te llegaba parte de todo esto: el afecto, las discusiones, la comida y la bebida. Ya ves, aún no habías nacido y ya acumulabas hábitos de alimentación, descanso y experiencias. Te movías más o menos, quizá reaccionabas a la música y entonces tu madre dio a luz.

»Ahí empezó algo nuevo, empezaste a respirar por la nariz, a comer por la boca y a ver por los ojos. Dejaste de ser una con tu madre para ser una junto a tu madre. En ese momento, tus experiencias se multiplicaron por mil y apareció tu padre, que hasta ese momento para ti tan solo era una caricia a través de la piel de tu madre y una voz lejana que te llegaba atravesando la piel.

»Todo lo que has vivido, lo que has visto o lo que te han dicho ha ido forjando la persona que eres hoy. Esa vez que quizás despidieron del trabajo a tu padre y le viste llorar, las discusiones con tu amiga, los besos, las riñas, lo que las maestras decían de ti, ese chico que te rompió el corazón y ese otro que lo reconstruyó para más tarde romperlo de nuevo. Piensa en todo aquello que te resulta insoportable, lo que te saca de quicio, aquello por lo que los demás apenas se molestan y tú te sientes incapaz de gestionar. Tras cada una de estas emociones exageradas se esconde un trauma, quizá tuyo, quizá de tus padres.

»Luego están las emociones que son la verdadera puerta al autoconocimiento. Una emoción siempre tiene que ver con lo que en este momento te sucede, con lo que en el pasado viviste y con las estrategias para hacer frente a esa situación.

—Entonces, si me doy cuenta de lo que me afecta más y recupero en forma de recuerdo las experiencias pasadas que han ido creando mi manera de interpretar, sentir y hacer frente a la vida, una vez que lo logre, ¿ya sabré quién soy?

—No, aún te quedará una parte muy importante: saber cómo reacciona tu sistema nervioso. Ser más o menos introvertido depende en gran medida de cómo el cuerpo reacciona ante los estímulos que lo rodean, mientras que ser más o menos hábil socialmente depende de las experiencias pasadas, tanto de lo que se ha vivido como de lo que se ha aprendido observando a las personas referentes, ya sean padres, profesores, hermanos o amigos.

»De manera que, si te preguntas quién eres, la respuesta es que eres la suma de tus experiencias más significativas desde el punto de vista de las emociones, que van desde los traumas a las mayores alegrías que has vivido, más lo que te ha alimentado, lo que has visto que hacían tus personas queridas ante los problemas, y todo ello pasado por el colador del modo en cómo tu cuerpo reacciona ante cada situación, etc.

–Mucho me queda entonces para llegar a conocerme…

–Tampoco hay prisa, el camino hacia el autoconocimiento no termina nunca, ya que nuevas vivencias darán lugar a una nueva Mar. Los seres humanos no somos estáticos. En lo esencial, los rasgos, permanecemos casi inmutables, pero el resto de nuestra personalidad va evolucionando de manera lenta, pero constante.

La verdad es que era un placer hablar con alguien que escuchara y me diera la réplica a la vez. La vida con Mar en el faro era mucho más plena,

10. Su historia

Fueron pasando los días y poco a poco iba recuperando aquellos hábitos que tan bien me sentaban, el último de ellos era el de volver a meditar por las mañanas junto al acantilado. Durante algún tiempo abandoné esta práctica consciente de que a Mar le podía resultar muy perjudicial.

De sobra sabía que a Mar ese lugar no le traía buenos recuerdos y que meditar ahí se le haría seguro imposible. De modo que empecé a hacerlo frente a la puerta del faro para que ella pudiera acompañarme, y así lo fue haciendo poco a poco.

Meditar era especialmente importante de cara a poder aceptar y superar las experiencias y pensamientos que días atrás la llevaron al borde del acantilado.

Meditar implica escoger de manera consciente a qué prestar atención y a qué no hacerlo y, lo que es más importante, supone poder soltar los pensamientos dolorosos en lugar de mirarlos de manera obsesiva del derecho y del revés durante horas. Las personas somos capaces de soportar el peor de los pensamientos, pero solo un rato. Lo que nos enferma no es malpensar, ni exagerar, ni siquiera sufrir y recordar, ni la muerte de quien quieres, ni los despidos, ni la enfermedad propia o ajena –podemos con todo ello, aunque nos parezca increíble– pero, en cambio, pensamientos mucho menos dolorosos e injustificados, como no sentirse del todo realizado, pueden sobrepasarnos si les dedicamos gran cantidad de tiempo.

Resulta mucho más difícil soportar un leve dolor emocional durante un periodo larguísimo de tiempo que resistir muchísimo dolor durante un corto periodo de tiempo.

Es justamente por este motivo que mientras algunas personas son capaces de recuperarse después de haber vivido auténticas tragedias, otras, con problemas carentes de importancia, terminan sumidas en las mayores depresiones.

¿Y dónde está la diferencia entre unas y otras? En los recursos cognitivos que han aprendido con anterioridad y la experiencia potencialmente traumática.

Es muy importante aprender técnicas como la **parada de pensamiento**, que consiste en reconocer los pensamientos negativos e inútiles en el mismo momento en el que aparecen para reemplazarlos por otros más realistas y adaptativos. Una vez que vamos emparejando el pensamiento automático con el racional, vamos facilitando que el primero se detenga cada vez con mayor rapidez y aparezca el segundo. En algunas ocasiones nos podemos apoyar en algún sencillo gesto, como cambiarnos un anillo de mano con la finalidad de ayudarnos a distraer parte de nuestra atención del pensamiento inicial (con cuidado de no ir complicando estas conductas ni relacionarlas con pensamientos mágicos).

En otras ocasiones necesitaremos poner en práctica la **reestructuración cognitiva**. En este caso, el objetivo es modificar el modo en el que interpretamos una situación concreta, no solo sustituir un pensamiento por el otro, como en el caso anterior. Por ejemplo, cuando tenemos tendencia a desconfiar o malpensar por partir de prejuicios.

Otro recurso muy valioso es la **meditación**. Aquí el reto consiste en tomar conciencia de nosotros mismos, promover la relajación y aprender a escoger dónde ponemos nuestro foco de atención.

Esto hay que aprenderlo mientras la vida nos da una tregua, así, cuando deje de hacerlo, que lo hará, sabremos cómo enfrentarnos al torbellino de pensamientos y emociones con las que seremos golpeados.

Todos vivimos experiencias potencialmente traumáticas, la vida es así, son las leyes de la naturaleza, nadie es eterno y no todos los que nos rodean son buenos. La duda es: ¿durante cuánto tiempo y cuántas veces nos va a golpear la vida? Dependiendo de esto y de los recursos con los que contemos, estas experiencias serán incómodas, negativas o devastadoras.

¿Cuáles son estos recursos?, te preguntarás. Son los económicos, que nos pueden permitir parar nuestra actividad profesional durante un tiempo para centrar nuestra atención en recuperarnos. Son los sociales, la familia y los amigos.

Como ya he dicho, es importante no presionar a las personas a hablar acerca de aquello para lo que no están preparadas –como los motivos de suicidio de Mar–, y cuando creamos que ha llegado el momento, hemos de estar seguros de que nosotros somos capaces de gestionar las ideas o las emociones que puedan surgir de esa conversación. Los pensamientos y el recuerdo de las experiencias traumáticas son como perros rabiosos incapaces de darse cuenta de lo que no es una amenaza o de las buenas intenciones de quienes se les acercan.

¿Qué harías con uno de estos perros si te lo encontraras durmiendo? Seguramente no lo despertarías, ¿verdad? Pues lo mismo ocurre con estos recuerdos. Ten presente que, si los perros duermen, es mejor no molestarlos; pero naturalmente no podemos dejarlos así para siempre porque sabemos que antes o después despertaran de nuevo. De modo que lo que vamos a hacer es, sin hacer ruido, prepararlo para que cuando vuelvan a despertar no puedan hacer daño a nadie ni hacérselo a ellos mismos.

Esto era lo que yo hacía con Mar, vino en plena crisis, desesperada y decidida a saltar por el precipicio, pero poco a poco los perros se quedaron dormidos. Durante un tiempo, la ayudé a recuperar la autoestima, a gestionar sus emociones y a ir recuperando algunos buenos hábitos.

Esa mañana consideré que Mar estaba ya preparada para hacer frente a lo que fuera que le trajo al faro con la idea de quitarse la vida, pensé que había llegado el momento y le dije:

–¿Estás ya preparada para hablar?

–¿Hablar de qué?

–De lo que te ha traído aquí…

–No es solo una cosa.

–Lo sé, nunca es solo una cosa.

–¿Y por dónde empiezo?

–Podemos empezar por terminar de desayunar y aprovechar este precioso día para dar un paseo por los alrededores del faro mientras me vas contando.

Y así lo hicimos, mientras terminábamos el desayuno le expliqué que quería saberlo todo de ella: quiénes eran sus padres, sus abuelos, si tenía o no hermanos, a qué se dedicaba y qué cosas eran para ella las más importantes. Mar se extrañó por tanto interés en conocerla y es que, aunque no lo creas, muchas veces las personas tenemos más ganas de hablar de nuestra vida, que ya conocemos y de la que nada o casi nada podemos aprender, que de conocer las historias de vida de quienes nos rodean, que siempre van acompañadas de aprendizajes preciosos y muy valiosos.

Luego perdemos horas mirando películas o leyendo libros acerca de vidas inventadas de supuestas personas desconocidas. Esto nos demuestra que tenemos el tiempo y la energía para interesarnos de manera sincera y auténtica por quienes nos rodean, pero equivocamos el objetivo y terminamos curioseando en la vida de personas desconocidas, personajes mediáticos, cantantes, deportistas o incluso los hijos, los novios y un largo etcétera de famosos a los que no conocemos, personas sobre las que no tenemos ninguna influencia y a las que nada podemos aportar; es una curiosidad carente de verdadero interés por el bien del otro.

–Quiero que me lo expliques porque me importas. Me interesa saber lo que te ha pasado, y me gustaría ayudarte en lo que pueda, a ponerlo en orden –le dije una vez que terminamos de desayunar, nos cambiamos y nos pusimos en marcha.

–Sobre mi padre no quiero hablar, no me apetece –empezó diciendo.

–Pues no hablemos de él por el momento. Si más adelante quieres, me cuentas…

Entendí a Mar. Cuando esto ocurre, significa que la cuestión que se aparca es importante, pero aún no se está preparado para hablar sobre ella, hay que respetar los tiempos que marca quien se decide a hablar de sí mismo. Seguro que a medida que se sienta escuchado sin ser juzgado irá hablando de aquellas cuestiones que le producen más dolor o que simplemente aún no sabe cómo enfrentar.

–Mi madre se llamaba Sofía… ¿Qué te cuento?

–Lo que te parezca importante… Tal vez a qué se dedicaba, o cómo era vuestra relación, lo que te venga a la cabeza.

–Ella era economista… Le encantaba estudiar. Continuó haciéndolo durante mucho tiempo, creo que por el simple placer de aprender. Le gustaba pintar, reparar muebles, tejer… Creo que no podía estar sin hacer nada, aunque lo cierto es que no madrugaba mucho, pero una vez que arrancaba, ya no paraba hasta bastante entrada la noche… Ella adoraba a mi padre.

«Entonces sus padres ya murieron», pensé.

–¿Podías contar con ella? –pregunté.

–Sí, podía. Siempre pude, aunque lo cierto es que, no sé, creo que nunca le dije lo importante que era para mí.

–¿Por qué?

–Ella tenía su vida, yo ya era mayor. Y lo cierto es que, aunque sabía que me quería y se preocupaba…

–Entiendo… ¿Hermanos?

–Tengo una hermana con la que apenas hablo, pero no es algo que me preocupe demasiado, es la vida. Nos hemos llevado bien durante mucho tiempo y ahora no… No es un drama, simplemente que las personas cambiamos, tomamos decisiones, tenemos parejas y a veces todo esto nos lleva a ver la vida de un modo distinto. Estoy segura de que forzar el contacto aumentaría los problemas. Le deseo lo mejor, pero no creo que forzar una amistad que no tenemos sea bueno para ninguna de las dos.

–¿Hay alguien más importante en tu vida?

En ese momento ya estábamos andando por una de las playas cercanas al faro, el sonido del ruido del mar acompañaba nuestras palabras ayudándonos a crear un ambiente de calma para lo que Mar me estaba contando.

Es muy importante, cuando hablamos acerca de cualquier cosa con un alto impacto emocional, que el lugar nos ayude a facilitar las emociones con las que nos gustaría vivir esos recuerdos. En este caso, con calma y serenidad, y con esa finalidad escogí nuestro paseo.

–Mis abuelos y mis padres, por desgracia, han muerto ya

todos. A Francisco, mi abuelo paterno, no llegué a conocerle, pero sé que era un hombre de principios, un galán de los de antes, trabajador y familiar. Era frecuente que en casa, cuando yo hacía algo bien o con cierta notoriedad, me dijeran: «Te hubieras llevado bien con tu abuelo». Sinceramente, pienso que eso es de las cosas más bonitas que se le pueden decir a un niño. Con comentarios como ese, me fui haciendo una idea de cómo debía de ser mi abuelo Francisco. Luego estaba mi abuela Patricia, de carácter fuerte, cuidadora y, aunque sin estudios, una de las personas más inteligentes que he conocido, y un poco como Nostradamus, pues, como si de profecías se trataran, se han ido cumpliendo todas sus advertencias... Mi abuelo materno, Armando, era un hombre estudioso y reflexivo, que mostraba su cariño prestando atención y enseñando cosas de lo más variadas... Mecánica, astronomía, carpintería... Hay algo que recuerdo y que creo que lo define a la perfección, y es que durante algunos veranos leía la prensa a media mañana en una terraza. Ese mismo lugar era el escogido por una serpiente para pararse al sol con el objetivo de aumentar su temperatura, él sabía que esa no era una serpiente que le supusiese un peligro e interpretó esa casualidad como que realmente había escogido el mejor lugar para leer la prensa por las mañanas. Así era mi abuelo, racional, culto y práctico. Pasar las mañanas junto a una serpiente de algo más de un metro no era una muestra de valor, sino de pragmatismo. Y, por último, estaba mi abuela materna Aurora, una adelantada a su tiempo, leía perfectamente en inglés, pionera del esquí, nadadora y, como mi madre, pintora. De hecho, curiosamente, hay muchos pintores en mi familia, ya que mi abuela Patricia también pintaba e incluso hay algún ilustre pintor más. Ahora que te lo comento me parece que es normal que a veces me sienta tan pequeña…

–¿Por qué motivo lo dices?

–Mira qué familia… Y los que no te he explicado… Marinos, pintores, abogados, economistas, personas educadas, elegantes, a menudo, influyentes, y yo…, una chica asustada, sin trabajo y sin nada…

–Bueno, me has explicado las cosas más interesantes de esos familiares, seguro que también tendrían sus lados menos luminosos. Además, cuando me hables de ti, sin duda descubriré cosas de las que debes de estar orgullosa.

–No te creas…

–¿Alguien más en tu vida?

–Los amigos, los de la escuela, del deporte y de la universidad. Todos ellos son importantes, aunque ahora apenas nos vemos.

–¿Y eso por qué?

–Porque no estoy bien, ya lo sabes.

–Porque no estás bien es por lo que es tan importante pasar tiempo con los amigos. Sé que solemos hacerlo al revés, pero es muy importante ser capaces de pedir ayuda cuando la necesitamos y, naturalmente, también ofrecerla cuando son los demás los que la necesitan… Y de ti, en concreto, ¿qué me cuentas?

–¿Qué quieres que te cuente?

–Si no llevaras unas semanas aquí en el faro, te diría que me explicaras cómo son tus días, pero creo que eso ya lo sé.

Mar sonrió con disimulo.

–¿Y si empiezas por decirme quién eres?

–¿Quién soy? No lo sé.

–¿Cómo que no sabes quién eres?

–No, no sé qué decirte, nunca me lo he preguntado… Mar… Soy Mar…

–¿Y qué más? ¿O solo eres un nombre? ¿Qué significa ser Mar? ¿Qué es lo que se esconde tras ese nombre? Que por cierto significa la que ama el mar.

Se detuvo un momento a pensar y dijo muy seria:

–No soy nadie, ya te lo he dicho, sin trabajo, casi sin familia. Estoy aquí y nadie me echa de menos. Creo que nadie me quiere, de hecho, no importa si vivo o muero, por eso vine aquí a quitarme la vida.

–No hace falta ir tan lejos para suicidarse –repliqué.

–Tienes razón, ni eso hago bien…

–Déjame que te explique algo… Estoy seguro de que esto que me dices de que nadie te quiere, de que no le importas a nadie, es lo que sientes, pero estoy igualmente seguro de que no es cierto, ¿de verdad que nadie te quiere? ¿Algún amigo? ¿Algún familiar? ¿Quizá alguien que estudió contigo o tal vez algún excompañero de trabajo? ¿No crees que si hubieras saltado por el acantilado algunas personas se hubieran entristecido? Perdona que lo dude, yo hace apenas unas semanas que te conozco, y si algo malo te sucede, lo sentiré mucho… En apenas unos pocos días ya me has causado suficiente impacto como para tenerte un profundo y sincero aprecio. Eso es querer, ¿no? Preocuparse por el otro, entristecerse cuando algo malo le sucede y alegrarse cuando lo que le pasa es algo bueno. ¿De verdad que no hay nadie en el mundo que tenga este tipo de sentimientos hacia ti –insistí–, aparte de mí?

–Imagino que sí… Mi madre los tenía, pero eso es normal.

–Piensa un poco más.

–Mis tíos, ellos siempre se han preocupado por cómo me iban las cosas.

–¿Quién más? –insistí.

–Tengo algunos amigos… –empezó a contar en voz baja–. Cinco seguro que se alegran cuando algo bueno me sucede –dijo ya con media sonrisa–. La vecina de mis padres, ella siempre me sonríe y se interesa por cómo me va. Conservo también algunos amigos de la universidad, aunque apenas nos vemos.

–¿Ves cómo siempre hay personas que nos quieren?

–Ya, pero no me refiero a ellos, es normal que nos quieran los padres o algún amigo o alguien que te ha visto crecer…

–Entonces ¿quién es la persona que no te quiere?

Mar guardó silencio mientras la mirada se le llenaba de lágrimas.

–No quiero hablar de eso.

–No importa, no es necesario. Si más adelante quieres, podemos hablar de ello, pero te das cuenta de que el pensamiento que te llevó al precipicio, lo que te repetías una y otra vez en tu cabeza y te causaba un dolor tan grande que preferías la idea de morir a seguir sufriendo, en realidad, no era cierto. Lo que te empujó al acantilado eras tú misma repitiéndote una y otra vez «no puedo soportar que nadie me quiera», mientras que, a la que te has parado a pensar, te has dado cuenta de que el «nadie me quiere» se ha convertido en «mis tíos, cinco buenos amigos, algunos compañeros del trabajo y una vecina sí me quieren». Y estoy seguro de que, si te das un poco más de tiempo, te darás cuenta de que alguien más, como yo mismo —le dije al tiempo que le guiñaba un ojo—, te quiere. Pero por lo visto hay una persona que para ti es muy importante y piensas que no te quiere.

—¿Pienso? ¿Es que no me crees?

—Claro que te creo, creo que tú estás segura de que esa persona, sea quien sea, no te quiere, pero acuérdate de que hace apenas unos segundos también creías que nadie te quería y en un momento hemos sacado una buena lista de personas que, aunque a veces no las tengas presentes, en realidad sí te quieren. Es un pensamiento, igual que lo era el de «nadie me quiere», quizá este sea cierto, pero de momento solo podemos estar convencidos de que es lo que piensas.

—Puedes estar seguro de que él no me quería.

Aquí Mar ya me había dicho algo más, la pena que ella sentía era hacia alguien que ya había fallecido y por eso hablaba en pasado. Esto me daba una pista de que debía tener muy presente que posiblemente no era algo que pudiéramos comprobar, quizás le quería o quizás no, pero parecía que no se lo podríamos preguntar.

El reto, por lo tanto, era el de aprender a vivir con esa creencia, la de que alguien muy importante para ella –nadie siente tanta tristeza por no haber contado con el afecto de quien no le importa–, quizás un hermano, su padre o una antigua pareja, o bien no había sentido afecto hacia ella o no había sabido expresarlo.

–De hecho, no importa si te quería o no. Lo único que importa es que tú así lo sientes, y en cuanto a las emociones, eso es lo único importante. Las personas sentimos una emoción u otra como consecuencia de nuestro modo de interpretar lo que nos sucede. ¿Cuántas veces nos hemos preocupado por cosas que en realidad no han llegado a suceder? A veces hemos ido aterrorizados al despacho de nuestro jefe pensando que nos iba a despedir y luego tan solo nos ha comentado algo sin importancia, o hemos creído haber suspendido un examen que en realidad estaba aprobado, o hemos temido ir a buscar unos resultados médicos que finalmente nos han servido para descartar una posible enfermedad. Son muchísimas las ocasiones en las que sentimos emociones desagradables o incluso terribles por situaciones que tan solo ocurrían en nuestra imaginación. Tú estás convencida de que esa persona no te quería y eso te causa dolor, esa es la única verdad importante y ahora tendremos que ver qué es lo que hacemos con esto.

–Pues no veo que hayamos solucionado nada por el momento.

–¿Estás segura? ¿De verdad crees que si lo que te hubieras repetido una y otra vez mientras decidías que no merecía la pena seguir viviendo hubiera sido «Aunque muchas personas me quieren, hay alguien que me importa que no me quería», este pensamiento te hubiera resultado tan insoportable?

–No, seguro que no, pero no tenía ningún control sobre mis pensamientos… Creo que no quiero seguir hablando de esto, me avergüenza, me siento como una tonta, sé que suicidarse es de cobardes.

–Si no quieres, no tenemos por qué seguir hablando de ello, pero yo creo que es importante y, además, ¿quién dice que pensar en suicidarse sea de cobardes?

–Todo el mundo lo piensa, ¿no?

–Yo no sé lo que piensan los demás, pero puedes estar segura de que no es lo que yo opino. No creo que pensar en el suicidio sea cosa de cobardes, no me parece que se trate de un pensamiento fácil ni caprichoso.

–Entonces…, si un día decido no seguir viviendo…, ¿te parecerá bien?

–Si un día mueres, sea por el motivo que sea, me apenará muchísimo, y ojalá esto suceda de aquí a muchísimo tiempo. Ahora, lo que tú hagas no me parecerá ni bien ni mal, yo no soy nadie para juzgarte. Intentaré convencerte siempre de que puedes darte otra oportunidad, de que siempre tendrás tiempo para hacerlo, de que siempre podrás esperar a mañana… Te recordaré las veces que haga falta que puedes contar conmigo, que el mundo, aunque muchas veces es cruel, sigue girando. Y que con cada nueva vuelta sobre sí mismo empieza un nuevo día en el que todo está por hacer.

»Sé que a veces nos sentimos un fracaso, que parece que nada tiene solución, que ya no hay nada que podamos hacer para arreglarlo, pero no es cierto, lo curioso de todo esto es que el mundo no tiene memoria, aunque tú si la tengas y algunos de quienes te rodean también. Pero para todos los demás, para quienes no te conocen, para todos a los que les gustaría conocerte, tú eres un lienzo en blanco.

»Hace unas semanas yo vi una silueta con forma de mujer junto a aquel acantilado, no sabía nada de ti, no tenía ningún prejuicio, no conocía tu historia, tan solo vi una mujer joven parada ahí donde la tierra termina y el mar se abre paso.

»Date cuenta de que ahora estás aquí, en un lugar nuevo donde nada de lo que hayas vivido antes importa, más allá de cómo te haga sentir a ti.

11. Aquí

Y continué:

–En este lugar en el que ahora nos encontramos no hay reproches, aquí los errores del pasado no significan nada, no hay nadie que te haya podido dañar, aquí no debes tener miedo de defraudar a nadie, porque aquí solo estoy yo, que nada sé de tu pasado más allá de lo poco que me has ido contando. Además, yo sé del enorme poder transformador de este lugar, ya que mucho antes de que tú vinieras también vine aquí con la esperanza de poder poner fin a la vida que tenía y empezar a inventar, lejos de todo, una vida mejor. Puedes estar segura de que no me parezco en nada al joven que llegó aquí, del mismo modo que este mismo lugar transformó antes que a mí a mi maestro –una mueca casi imperceptible cambió su expresión– y antes que a él también le cambió la vida al anterior farero. Los viejos del lugar suelen decir que este faro tiene el extraño poder de sacar al sabio que habita en los desdichados que, huyendo de su vida, terminan por recluirse en este recóndito lugar. Este es el poder de este sitio, el de sacar la auténtica esencia de cada una de las personas que se aventuran a habitarlo.

–¿Quieres decir que es un lugar mágico? –dijo Mar con algo de sorna.

–Quizás sí. ¿O es que tú no crees en la magia?

–Pues no, menuda tontería, eso es cosa de niños.

–Pues son muchas las cosas que a mí me resultan mágicas: la mente humana, por ejemplo. Me sorprende el funcionamiento de nuestra conciencia y, por más que leo e investigo, no soy capaz de llegar a comprender cómo el ser humano ha llegado a este nivel de conciencia, cómo es posible que seamos capaces de imaginar mundos que no hemos visto, de qué modo algunos pensadores y científicos han podido intuir tantas cosas sin los medios necesarios para observarlas… Por ejemplo, Ramón y Cajal pudo describir el funcionamiento de las neuronas o, en la antigua Grecia, Aristarco de Samos imaginó el Sol en el centro y el resto de planetas girando a su alrededor.

»Igualmente mágica me parece la idea de la belleza, nuestra capacidad para reconocerla y la de unos pocos para crearla. Mágico me parece el amor, el de padres a hijos, el de las parejas, el amor a cualquier ser vivo. Aunque te rías me parece que la naturaleza, el ser humano y la vida en general no se pueden explicar sin creer que en algún momento de la creación ha sucedido algo realmente mágico. Yo siempre me he considerado una persona de ciencia, y por eso no invento teorías absurdas para poder explicar todo aquello que no llego a comprender, pero mientras la ciencia no alcance un nivel de conocimiento suficiente para poder explicarlo, no me queda otra que aceptar que hay algo de magia en todo lo que nos rodea.

»Y si miras bien, si prestas atención a los colores de todo lo que nos rodea, si aprendes a escuchar el silencio, si observas cómo los animales intuyen la tormenta antes de que llegue, si sientes la energía del mar y el sol y cómo esta nos alimenta casi como si de comida se tratase, si abandonas tus prejuicios de chica de ciudad y le permites a este lugar que pase a formar parte de ti, si haces todo esto, te darás cuenta de la magia que hay en este sitio.

—Siento decirte que no soy capaz de ver todo lo que me dices…

—Es que toda esta magia es muy sutil, necesita de silencio para poder percibirla. La televisión, la radio, las redes sociales apagan nuestra conciencia… ¿Cómo vas a poder escuchar tus pensamientos si hay una avalancha de estímulos bombardeándote constantemente? Nuestra intuición no nos habla a gritos, nos susurra… ¿Cómo escuchar, por ejemplo, el amor de quienes nos rodean si nos llegan mensajes constantemente diciéndonos que tenemos que ser mejores que los demás; que no son nuestros hermanos, que se trata de rivales; que hay que tener más éxito que el vecino; si nos empujan a odiar a quienes son mejores que nosotros en algún aspecto? La sociedad, a través de la publicidad y los medios de comunicación, alimenta nuestra envidia. Y cuando, por el motivo que sea, nos creemos nosotros mejores que ellos, entonces nace el desprecio.

»Vivimos en un mundo en el que tanto tienes, tanto vales. Pero esta no es la verdadera naturaleza del ser humano, no tenemos motivos para actuar de este modo. Recuerda que lo más importante en la vida no es lo que tenemos, sino a quienes tenemos.

»En una sociedad menos competitiva seríamos capaces de alegrarnos por el éxito del vecino y compadecernos por quienes no tienen tanta fortuna como nosotros. De hecho, esta es la verdadera naturaleza del ser humano, somos animales sociales. Cuando un niño observa la alegría en un rostro, siente, en ese mismo instante, el reflejo de sonreír; no está en su naturaleza humana el sentir envidia ni culpa por no ser tan feliz como lo es la persona a quien observa. Por desgracia, los niños no tardan mucho en aprender de otros adultos el significado de la envidia y el desprecio.

»La sociedad se ha ido pervirtiendo, los más codiciosos se han hecho con el control de todo e insisten en decirnos qué es lo que hay que desear y eso nos ha llevado a perder algunos de los valores que nos describían como seres humanos.

»Qué difícil es disfrutar del amor romántico cuando vemos constantemente ejemplos de relaciones superficiales, cuando hay cada vez más aplicaciones destinadas a tener sexo desvinculado del amor, cuando es tan fácil mentir y engañar porque hay quienes insisten en que eso es el éxito. Parece que eres especial en función del número de relaciones sexuales que tienes, independientemente del recuerdo que dejes en las personas. Nadie alardea acerca de lo importante del compromiso, sino del número de personas con las que se acuestan.

»No escucharás a nadie fanfarronear, aunque muchas personas se sienten orgullosas de ello, sobre que era muy joven cuando conoció al amor de su vida y que con esfuerzo han conseguido mantener una bellísima relación, no alardean quienes han hecho del compromiso su felicidad, nadie grita por ahí: "¡Conocí al amor de mi vida a la primera y llevamos una vida de felicidad y compromiso!". ¿Te das cuenta de que no tiene ningún sentido?

»Mientras, en cambio, otros alardean de haber tenido multitud de parejas, de tener sexo hoy con una y mañana con otra. Pero si rascas un poco, puedes ver la realidad, que es que no han sabido ver el engaño en las personas a las que les dieron su confianza o que su vanidad es tanta que terminan por alejar a cualquiera que, cegada por una falsa seguridad y tras escuchar un montón de mentiras, ha terminado por acercarse a ellos.

–Pues yo tampoco seré muy lista…

–Ni yo lo era, pero siempre estamos a tiempo de aprender. Estamos a tiempo de seguir descubriendo por nosotros mismos la belleza en lo que nos rodea. Aún podemos dejar de escuchar a quienes nos dicen lo que se considera o no bello, lo que tienes que desear, lo que se supone que necesitas…

»Esta es la magia de este lugar, aquí tú decides a qué prestar atención, aquí puedes escuchar tus propios pensamientos sin las interferencias de los que se autoproclaman poderosos y, lo que aún es más importante, puedes decidir si es así como quieres pensar. Puedes alegrarte o entristecerte a tu antojo sin que absolutamente nadie te juzgue por ello. En este lugar estamos solos, aquí tu alegría es la mía y mi alegría es la tuya, porque de nada serviría competir entre nosotros cuando no hay nadie más ante quien mostrar un supuesto éxito; mientras que en las ciudades permanentemente hay un trasfondo de competición, que, la mires como la mires, no tiene ningún sentido.

»Cuando por fin te alejas de todo ese ruido, lo que queda es una naturaleza hermosa y mágica y unas emociones sinceras que te hacen consciente de qué es para ti la belleza y cómo quieres vivirla.

–Entonces, ¿solo en un lugar como este podemos ser felices?

–No, pero aquí es más fácil escuchar sin interferencias.

–¿Escuchar el qué?

–La belleza. Una vez que la encuentres podrás aprender a reconocerla en cualquier lugar y, con entrenamiento, serás capaz de ignorar los ruidos interesados de quienes quieren hacerte creer que necesitas comprar, ganar más dinero o permanecer eternamente joven cuando es evidente que resulta imposible sin perjudicarnos a nosotros o a otros.

»Vivimos en una sociedad en la que nos quieren constantemente frustrados. Solo si crees necesitar artículos de lujo para ser feliz, podrán venderlos. Mientras que si te das cuenta de la realidad de tu naturaleza, que no es otra que ser capaz de disfrutar de lo que haces y poder pasar tiempo de calidad con quien esté en ese momento alineado con tus objetivos o solo, si es que la casualidad no te trae a nadie con quien compartir sin renunciar, si te das cuenta de que la gratitud, el trabajo y la amistad son la verdadera clave para alcanzar la felicidad, entonces no pueden hacerte pagar por una pieza de ropa, una joya o un coche de lujo lo que no valen.

»La felicidad es gratis, no sé de nadie que sea feliz por tener ropa cara y sé de muchos que sí lo son mientras pasean por la playa o pasan tiempo con los amigos. Con esto no quiero decir que me parezca mal que alguien pague mil euros por un bolso o cien mil por un coche, pero lo que no deberían hacer es tener que pasar menos tiempo con la familia para poder comprar algo que en realidad no necesitan».

12. La Tierra gira

Mar seguía escuchándome y yo dándole las claves para el cambio, al menos las que me habían ayudado a mí cuando llegué al faro:

–Date cuenta de que el sol sale cada mañana y nos regala veinticuatro horas nuevas y puedes hacer con ellas lo que quieras. Sé que a veces insistimos en utilizarlas para seguir con los mismos errores del pasado, y continuamos con nuestros malos hábitos, insistimos en permanecer enfadados con este o aquel familiar, malgastamos las horas con la televisión o el teléfono móvil, pero eso lo hacemos porque queremos, en ningún sitio está escrito que nuestra vida tenga que ser así. Cada mañana, si nos lo proponemos, podemos empezar a hacer aquello que nos permite sentirnos orgullosos. Cada día podemos estropear y arreglar nuestra vida.

»¿Quién dice que hoy no puedes empezar a actuar tal y como te gustaría? ¿Dónde está escrito que no puedas empezar a leer, comer sano o hacer deporte? ¿Por qué no va a ser hoy cuando dejes de beber alcohol, de fumar, de comer comida basura o de seguir sin ofrecer ayuda a quien la necesita?

»Yo no sé nada de tu pasado y estoy seguro de que no puedes cambiar todo aquello que no hiciste como te hubiera gustado. No creo que, tal y como dicen algunos cantamañanas, puedas hacerte millonaria o famosa de un día para otro. Sin embargo, por lo que respecta a todo lo importante, ahí sí estoy convencido de que puedes hacer lo que te propongas. Por eso, pienses lo que pienses, en mí encontrarás siempre comprensión e ilusión por acompañarte hasta que tú también te des cuenta de que con cada nuevo día tienes una nueva oportunidad de cambiar muchas de las cosas que no te gustan.

–¿Y las otras? ¿Qué hago con las que no puedo cambiar?

–Con estas tendrás que aprender a vivir.

–No sé si puedo…

–Claro que puedes. Estás de sobra preparada para ello, eres una mujer fuerte y lo bastante valiente como para venir hasta aquí. Tú eres una luchadora, una superviviente, lo que ocurre es que aún no lo sabes.

»Yo sé que quieres ser feliz, pero hay algo que deseas aún más, y es vivir. Solo cuando no has podido más, te ha pasado por la cabeza la opción del suicidio. Sé muy bien que no se trató de un capricho, que no fue una decisión tomada a la ligera y que, si llegaste a ponerte en la situación en la que te pusiste, a un solo paso de acabar con tu vida, fue porque el dolor era insoportable.

»Pero mira… Han pasado unas pocas semanas y observa qué distinto es todo, date cuenta de lo que has aprendido, de los amaneceres que ves al despertar, de lo poco que se parece la vida que has estado viviendo las últimas semanas a la que vivías. Te has encontrado a tan solo un paso de no pintar el muro y eso hubiera sido una auténtica pena –le dije mientras le guiñaba un ojo.

–Cierto, eso sí que hubiera sido una pena –contestó sonriendo–. Pero me da miedo que vuelva a sentirme igual, que no pueda más, que vuelva ese dolor tan insoportable y termine por hacerlo.

–Si te da miedo es porque en realidad no quieres suicidarte, y eso te protege. Sé que algunos pensamientos asustan, te explicaré algo que seguro te ayudará a controlarlos de ahora en adelante.

Entonces le expliqué durante un buen rato lo que aquí te comparto de forma más ordenada:

Aunque no nos demos cuenta de ello, no todos los pensamientos son iguales. Aprender a diferenciar unos de otros y a decidir intencionadamente cuál utilizar a voluntad es clave para aceptar lo que nos sucede, lo que sentimos y lo que pensamos.

Este tiene que ser nuestro verdadero objetivo, alegrarnos por lo bueno y entristecernos por lo que no lo es, sin perder la capacidad de alegrarnos de nuevo cuando algo bueno suceda.

Desconfiad de quien intente haceros creer que se puede ser feliz con todo y por todo, porque esa persona en realidad o es necia o es alguien que intenta engañaros para sacar algún tipo de provecho.

La primera manera de pensar es la más frecuente. Trata de todos aquellos pensamientos que, aunque conscientes, son involuntarios. Son todas las ideas que nos vienen a la cabeza sin previo aviso y que dependen en gran medida de los estímulos que se nos presentan por azar (como cruzarnos con una expareja por la calle, ver pasar un coche del mismo modelo del que tenía nuestro padre o un anuncio cargado de emotividad durante las Navidades). Inevitablemente, estos estímulos generarán una emoción, que tarda aproximadamente un cuarto de segundo en aparecer y que dará paso a un pensamiento. En función de la emoción (que de nuevo es consciente e involuntaria), nuestro cerebro creará un pensamiento u otro siempre coherente con esa primera emoción.

Por ejemplo, si al cruzarnos por casualidad con nuestra expareja sentimos rencor, empezaremos a pensar en todo aquello que nos confirma que hacemos bien en despreciarlo y pasaremos por alto todos los buenos momentos que compartimos. Si la visión del coche de nuestro padre nos provoca melancolía, empezaremos a evocar recuerdos entrañables, manteniendo en el olvido las discusiones y los desencuentros que podamos haber vivido.

Solemos creer equivocadamente que nos sentimos de un modo u otro porque tenemos un determinado pensamiento, cuando la realidad de la emoción es mucho más rápida que todos aquellos pensamientos que requieren escoger las palabras y montar las frases. Las emociones son instintivas e inmediatas y la capacidad para explicarnos a nosotros mismos o a los demás lo que acaba de suceder siempre estará influida por el filtro de esa emoción.

La publicidad utiliza esto a su favor y hace lo posible por vincular su producto con emociones agradables. Relacionan una y otra vez el artículo o la experiencia a emociones como la felicidad, aunque no siempre les funcione; ya que un mismo estímulo provocará emociones distintas en función de las experiencias previas de cada persona. Por ejemplo, la imagen del hijo volviendo a casa por Navidad despertará emociones muy distintas en función de la relación que podamos tener con nuestro hijo. El anuncio de este turrón que nos muestra a un hijo entrando por la puerta de casa producirá alegría a quien espera la llegada del suyo, melancolía a quien lo ha perdido y frustración a quien le hubiera gustado tenerlo y no ha podido. En la actualidad, con la intervención de la inteligencia artificial y los anuncios a medida, están empezando a modificar los mensajes con el objetivo de adaptarlos a cada una de las experiencias e intereses de las personas. Quizá te parezca ciencia ficción, pero con tus búsquedas y las páginas que consultas estás dando información acerca de tu vida, nivel social e intereses, y eso permite a los publicistas adaptar los anuncios para evitar generar emociones no buscadas en el espectador. Date cuenta de la importancia del autoconocimiento y la reflexión a la hora de evitar ser manipulados.

A pesar de que no nos damos cuenta de estos pensamientos automáticos, ellos determinan de manera muy importante nuestra experiencia vital, haciéndonos sentir más o menos felices en función de qué estímulos percibimos al azar y de cómo nos sentimos ante estos.

Son nuestras experiencias previas las que definen la emoción que desencadena cada estímulo. Si he vivido una experiencia traumática en un lugar determinado, es prácticamente imposible que la mínima referencia a este lugar no me genere miedo, ira o cualquier otro sentimiento relacionado con la experiencia vivida.

Esto que aquí te cuento y que estoy seguro de que entiendes desmonta toda esta corriente de «expertos» que pretenden hacernos creer que uno puede escoger sus emociones a voluntad. «Sé positivo, sé optimista, anímate, alégrate…», nos dicen como si uno pudiera escoger o remediar las experiencias que ha vivido en el pasado o los estímulos que el azar le pone delante. Cuando alguien siente emociones desagradables, si hay algo de lo que puedes estar seguro es de que no las siente por propia voluntad, nadie se sumerge queriendo en la más profunda de las tristezas o evoca continuamente el recuerdo de alguien, cuando sabe que recordar a esa persona se convierte siempre en una experiencia desgarradora.

Debemos aceptar que, aunque no podamos escoger las emociones automáticas tras un estímulo, a veces imperceptible o incluso inconsciente, eso no quiere decir que nos tengan que gobernar por completo, ya que, aunque casi todos los pensamientos que tenemos a lo largo del día escapan a nuestro control, lo que hacemos con ellos sí depende de nosotros. Yo no puedo escoger cómo me siento, pero sí puedo escoger lo que hago con cómo me siento.

La mayoría de nosotros nos levantamos cada mañana con

pereza, a veces cogemos un avión con miedo, nos mostramos educados con quien no nos agrada y un largo etcétera de ejemplos en los que, gracias a la voluntad, somos capaces de hacer aquello que nos conviene, en lugar de lo que nos apetecería hacer si nos dejamos llevar por unas emociones no siempre del todo bien intencionadas.

Hay estudios que afirman que una emoción dura alrededor de noventa segundos, los sentimientos, en cambio, sí pueden durar días, semanas, meses e incluso años, ya que nacen en el córtex, que es la parte racional de nuestra mente, en lugar de hacerlo en el sistema límbico, que es la parte más primitiva de nuestro cerebro y el lugar en el que se originan nuestros instintos más primarios.

Todo momento importante de la vida va acompañado de una intensa emoción. Si las emociones son agradables, aumentan nuestro bienestar y nos aportan energía; mientras que si son desagradables nos hacen sentir tristes y vulnerables.

Aunque no podemos hacer desaparecer las emociones por completo, sí podemos identificarlas, ponerles nombre, encontrar su motivo y actuar en consecuencia.

La vida es emoción. Trabajar para el control del pensamiento y la gestión de la emoción nos acerca a una sensación de bienestar que nace en nuestro interior y podemos, por lo menos en parte, modificar la voluntad.

Cuando no somos capaces de influir en nuestras emociones, terminamos siendo víctimas de nuestros sentimientos.

Los sentimientos son la consecuencia de cómo interpretamos

las emociones, mientras que las emociones suelen ser la consecuencia de los estímulos que recibimos de nuestro entorno.

Cuando veo a una persona, lo que percibo en mi interior en un primer instante es la emoción, mientras que lo que me genera, incluso cuando no está presente, es el sentimiento.

La diferencia entre sentimientos y emociones es que estas últimas son más intensas e irracionales. Por ello, pueden llevarnos a hacer cosas que nos pueden generar arrepentimiento o crear escenarios perjudiciales para nosotros o los nuestros una vez que haya desaparecido la emoción.

Si piensas bien en ello, te darás cuenta de que una conducta aparentemente disparatada, como la de quitarse la vida, no responde a la cobardía, sino que nace del más insoportable de los dolores. Cuando este parece dejarnos como única opción la propia muerte, imagina la intensidad de esa emoción. Si es capaz de imponerse al más importante de los instintos, que es el de la propia supervivencia, ya que este es precisamente el que compartimos la totalidad de los seres vivos de la tierra desde el más simple e insignificante al propio ser humano, imagínate entonces el grado de malestar necesario para ir en contra de la propia naturaleza.

Y si es tan grande el malestar, imagina la tristeza que tiene que provocar en quienes se encuentran en esta situación la falta de comprensión por parte de quienes los rodean.

El objetivo en estos casos es ayudar a abandonar la idea de que todo está perdido, que la persona pueda dejar de lado la sensación de fracaso absoluto y el convencimiento de que nada puede hacer para corregirlo, para abrazar una verdad mucho más amable, que es la de que la vida no funciona como un interruptor donde se trata de todo o nada.

Los términos *terrible* y *maravilloso* suelen responder más a estados de ánimo que a realidades objetivas. En realidad, no necesitamos todo lo que creemos necesitar y solemos tener la posibilidad de darnos una nueva oportunidad, siempre y cuando no llevemos a la práctica la más terrible de las decisiones, de las pocas que no tienen vuelta atrás, que es la de acabar con nuestra propia existencia.

Es justamente aquí cuando entra en juego la otra clase de pensamientos que, aunque de manera espontánea, son los menos frecuentes. Podemos trabajar para darles cada vez más espacio. Estos últimos pensamientos son conscientes y, a diferencia de los anteriores, son voluntarios. Son todos aquellos pensamientos que nacen de la intención de observar y valorar, son la base del pensamiento crítico y del método científico.

¿Por qué sucede esto? ¿Qué me hace pensar que estoy en lo cierto? ¿Podría estar equivocado? Son algunos ejemplos de las preguntas que uno puede hacerse para forzar este modo de pensar.

Por ejemplo, el pensamiento de Mar, «nadie me quiere», surge del primero de los métodos de pensamiento. Es posible que, tras una tarde aburrida sin que nadie me contacte, sienta tristeza y el pensamiento lógico, tras sentirme triste porque nadie ha contactado conmigo, es que no lo hacen porque no me quieren; es coherente con la emoción y, aunque tiene una cierta lógica, se trata de una conclusión exagerada. Sin embargo, el caso es que una parte de nuestro cerebro funciona así: por azar coincide que un día o dos no tengo planes por el motivo que sea, quizá únicamente porque las personas más cercanas están ocupadas. La soledad, cuando no es buscada, suele generarnos tristeza, y la mente busca concienzudamente pensamientos que justifiquen esta emoción («Si no me llaman, es porque no les importo, y no les importo porque no me quieren»); luego pone palabras a esta idea y le da forma de oración: «Nadie me llama porque nadie me quiere». Esta oración que me digo a mí mismo me genera mucha más tristeza y es profundamente dolorosa, y llega a convertirse en una especie de mantra y poco a poco pasa a ser una obsesión, que puede llegar incluso a generarme un estado de ánimo muy decaído y, con el tiempo, una depresión.

Pero ¿qué sucede si, en el momento en el que te das cuenta de que este pensamiento espontáneo e involuntario quizá no es racional, decides centrar tu atención en él para ver qué tiene de cierto y qué tiene de exagerado?

«Nadie me llama porque nadie me quiere».

Pregúntate en primer lugar qué hay de cierto: ¿qué te hace pensar que nadie te quiere?

«Que no me llaman».

¿Quizá hay algún otro motivo para pensar que no te quieren?

«No me felicitaron por mi santo».

«No tengo pareja».

«Estoy enemistado con fulanito».

Todo esto quizá sea cierto, pero no es toda la verdad, ahora deberás hacerte la pregunta contraria: «Si hay quien me quiere, ¿puede haber otro motivo por el que no me han llamado?». Quizá están ocupados, quizá tú tampoco has llamado y tal vez no saben que te sientes solo; de todas formas sabes que en momentos importantes has podido contar con la compañía y el aprecio de amigos y familiares.

No se trata de convencerte de que todo está bien o de que no tienes de qué preocuparte. Quizá sea cierto que no cuentas con el aprecio de nadie, pero la verdad es que, hasta el momento, no he conocido a ninguna persona a la que no la quiera nadie, aunque sí he conocido a muchas que lo sentían así.

También podrías hacerte una pregunta del estilo: «¿Realmente necesito estar siempre acompañado para poder estar bien?». Y si la respuesta es que sí lo necesitas, pregúntate: «¿Qué podría hacer para no sentir que tengo que estar siempre en compañía?».

Cuando observamos correctamente los pensamientos que tanto dolor nos provocan, solemos terminar por darnos cuenta de que no suelen ser la consecuencia de lo terrible de la situación, sino que suelen responder a una mala interpretación de nuestra realidad y a una baja tolerancia a la frustración o el malestar.

Pregúntate si realmente necesitas continuas muestras de afecto, si necesitas el amor de una persona en particular o el reconocimiento de este o aquel compañero. Es posible que pienses que sí que necesitas de estas u otras cosas para ser feliz. Es muy posible también que te vengan a la cabeza motivos de infelicidad mucho más importantes que los que aquí he enumerado, tal vez tu salud o la de algún familiar, la pérdida de alguien a quien quieres, que la falta de trabajo te lo ha puesto realmente difícil, o cualquier otro motivo de gran importancia. Pero, aun y así, permíteme que siga insistiendo: ¿realmente necesitas todo esto para seguir viviendo?

No te estoy preguntando si puedes sentir una sensación de completa felicidad, ni si crees que se trata de una situación justa, no te pregunto si te provoca dolor, te pregunto si esto que sientes que te entristece te incapacita para seguir viviendo, si te hace imposible disfrutar de nuevo, si a pesar de ello no puedes ayudar a alguien, aportar algo bueno a este mundo, dar un paseo, hacer compañía a quien se siente solo o aprender algo nuevo.

La vida nos golpea a diario, nos arrebata a quienes queremos, nos estira y retuerce hasta que no podemos más, pero esa misma vida nos regala un nuevo amanecer una y otra vez. Sea cual sea el motivo que te lleve a pensar que nada merece la pena, recuerda que hay uno mucho más poderoso para seguir vivo, y es el de tener veinticuatro horas más con un lienzo en blanco.

Las mismas veinticuatro horas que yo deseo con toda mi alma para aquellos a los que tanto he querido y ya no están son las que tú desprecias.

13. La vida

La vida lo es todo y, por lo tanto, es capaz de ser implacable, bondadosa, dócil, maravillosa, terrible o generosa para, de nuevo, volverse otra vez implacable. Mientras sigamos en ella, continuará acariciándonos, una vez, y azotando sin cesar, otra. Porque lo cierto es que para el mundo somos insignificantes, no lo hace por maldad ni por venganza, tan solo gira y nosotros con él.

En muchas ocasiones, solo analizando de manera crítica estos pensamientos, tendrás suficiente para darte cuenta de que en realidad la emoción era exagerada y que es lógico que a veces pueda coincidir que los demás estén ocupados con otros asuntos o desconozcan tu necesidad de compañía. Sin embargo, otras veces te darás cuenta de que realmente la emoción, aunque muy intensa, está bastante justificada, quizá porque hemos descuidado a nuestras amistades, porque hemos cambiado de ciudad, porque se ha roto una relación y con ella has perdido gran parte de tu círculo social o por cualquier otro motivo.

En este caso, debes hacerte la siguiente pregunta: «¿Qué

puedo hacer para recuperar mis viejas amistades o para encontrar otras nuevas?». Pregúntate también: «¿Qué puedo hacer para aprender a disfrutar o por lo menos soportar la soledad?».

Hoy en día existen multitud de opciones para conocer personas con las que podemos compartir aficiones o intereses, es frecuente que romper el hielo nos pueda generar incomodidad, pero puedes estar seguro de que mucha menos de la que nos provoca resignarnos a seguir sufriendo lo que tanto dolor nos hace sentir sin hacer nada para ponerle remedio.

Imagina que no tienes a nadie con quien pasar el rato, pero te has apuntado a una salida el próximo fin de semana para realizar una visita guiada en tu ciudad en la que te explicarán curiosidades y leyendas. Es muy probable que esta cita te genere algo de ansiedad anticipatoria ante la idea de encontrarte con desconocidos:

¿Irán todos acompañados?

¿Me caerán bien?

¿Tendrán más o menos mi edad?

Pero puedes estar seguro de que este nerviosismo generará mucho menos malestar que la desesperanza de sentir que no tienes a nadie con quien quedar y que, además, no estás haciendo nada para remediarlo.

Al primero de los pensamientos le llamaremos «pensamiento intruso» y al segundo le podemos llamar «pensamiento verdadero». De modo que, cada vez que te des cuenta de que un pensamiento intruso te hace sentir mal, lo cogerás y lo someterás, gracias al pensamiento verdadero, al método científico, que consiste en:

- Describir en qué consiste este pensamiento.
- Ver qué tiene de cierto.
- Ver qué tiene de falso.
- Ver qué puede explicarlo.
- Averiguar cómo ponerlo a prueba. Por ejemplo, compartirlo con otras personas que hayan sentido lo mismo.
- Y con lo que quede, ¿qué puedes hacer para ponerle solución?

Una vez que le había enseñado a Mar a identificar los pensamientos intrusos y los verdaderos, le seguí preguntando:

–Dime más cosas que te vengan a la cabeza cuando te preguntas «¿Quién soy?».

–Hija, hermana, mujer, curiosa, inquieta…

–Muy bien. Estos son tus «soy» y son muy importantes porque marcan tu identidad y, con ella, tus límites.

–No lo entiendo, Javi.

–Es muy sencillo. Todas las características a las que les das la categoría de «soy» forman parte de ti desde hace mucho y crees que no van a cambiar. Seguro que hace tiempo que eres curiosa o inquieta y que, pase lo que pase, te seguirás sintiendo hija o hermana. Quizá más adelante te sientas madre o pareja, pero seguirás sintiéndote a la vez hija, ¿verdad?

–Claro.

–Es por esta sensación de permanencia que, cuando tras el «soy» ponemos cualquier idea que nos genera malestar, sentimos tanta tristeza. ¿Recuerdas? «Soy la que nadie quiere» es un pensamiento que ahora sabemos que no es cierto, pero que hace apenas unos días te provocaba una tristeza desgarradora. Es lo mismo que decir «Hace mucho que no me quieren y por más que lo intente esto no cambiará», también resulta muy doloroso. Sin embargo, lo cierto es que a la que te has parado a pensar un momento, enseguida te has dado cuenta de que sí que hay gente que te quiere, aunque a veces se te olvide o no te quieran como a ti te gustaría, o sientas que no te quiere quien tú desearías. Es mucho más cierto e infinitamente menos doloroso decir «A veces siento que nadie me quiere». Es verdad que lo sientes, pero al decírtelo así, te estás a la vez recordando que se trata de una emoción, de un pensamiento. Es lo que sientes, pero eso no significa que forzosamente sea lo que está sucediendo. A veces eres la que siente que no la quieren, y eso puede ser o no verdad, pero lo único cierto es que tú lo sientes. Se que parece un trabalenguas, pero se trata de una idea muy poderosa.

Mar sonrió.

–Puedo decirme que parezco tonto o que a veces me comporto como un tonto, quizá es cierto, quizá equivocado, pero lo único de lo que puedo estar realmente seguro es de que en ocasiones me siento como un tonto y eso me deja la puerta abierta a que en otras ocasiones me pueda sentir de un modo distinto.

–Qué importante es esto que dices. ¿Cómo es posible que no nos lo expliquen?

–Quizá algún día le den la misma importancia a la inteligencia emocional que a la verbal o a la numérica… Pero, mientras tanto, tenemos que ser nosotros los que nos responsabilicemos de desarrollar nuestra inteligencia emocional.

»Recuerda que cómo te hablas te sientes, cómo te sientes piensas y cómo piensas eres. De modo que terminas por convertirte en aquello que te dices a ti misma. ¿Cómo te hablabas últimamente para terminar llegando al punto en el que el suicidio pasó a ser una alternativa?

–Ni te imaginas… Pero ¿tienes que seguir recordándome lo que estuve a punto de hacer? Ya te he dicho que me avergüenza.

–Que no te avergüence. Ya te he dicho que no te juzgo por ello. No tiene que ser un tema tabú, ha pasado y no tenemos por qué esconderlo. Si todos hablásemos abiertamente de los pensamientos dolorosos que tenemos, sería mucho más sencillo pedir ayuda. Evitar el tema o utilizar eufemismos lo único que hace es perpetuar el estigma. A la mayoría de las personas, en uno u otro momento de su vida, les ha pasado por la cabeza el suicidio como una alternativa. En muchos casos, tan solo como una idea fugaz que no les ha durado ni unos segundos; en otros, como un pensamiento recurrente y tremendamente doloroso, y luego les ha causado pavor la mera idea de haberlo pensado; y, para otros, el pensamiento ha venido acompañado de una sensación de alivio al reconocer por fin la que han considerado, de manera equivocada, como una alternativa al sufrimiento.

–¿Y no lo es?

–No, nunca es una alternativa, aunque pueda parecerlo. Una alternativa es aquello que podemos hacer para solucionar un problema y que, en caso de no salir como esperábamos, nos permita estar en una mejor posición para intentarlo de nuevo. Nunca será una alternativa algo que no resuelve nada y además me incapacita para intentarlo de nuevo.

–Entiendo…

–¿Te parece si por ahora lo dejamos aquí y así tienes tiempo para poner todo lo que hoy hemos hablado en práctica?

–¡Claro! ¿Cómo lo hago?

–Tendrás que llevar encima una pequeña libreta y un lápiz. Cada vez que te inunde una emoción, anota literalmente la frase que te venga a la cabeza, verás que suelen ser bastante exageradas: «Todo lo hago mal», «Nadie me quiere», «Siempre me equivoco a la hora de escoger pareja», «Nunca encontraré trabajo», «Jamás seré feliz»… Cuando empiecen por «siempre», «nunca», «todos» o «nadie» y te generen tristeza, culpa, ira o cualquier otra emoción desagradable, la anotas en la libreta y sigues con lo que en ese momento estés haciendo. Recuerda que en pocos minutos la emoción habrá perdido mucha intensidad y podrás empezar a analizarla con las preguntas: «¿Qué hay de cierto en esto que estoy pensando?» y «¿Qué hay de falso o exagerado en esto que estoy pensando?».

Pasó un mes durante el que Mar no se desenganchó de su

pequeña libreta. La podía ir viendo de vez en cuando enfurruñada anotando pensamientos durante el día, pensamientos que por lo que podía ir viendo apenas le duraban unos pocos minutos –a diferencia de antes que la perseguían durante largas horas–. Después de apuntarlos, como por arte de magia, conseguía dejarlos encerrados en el interior de la libreta y con un golpe de muñeca cerraba la tapa. Al anochecer, aprovechando el silencio y la calma antes de empezar a preparar la cena, solía recordarle que era el momento de revisar esos pensamientos que le habían generado emociones desagradables durante la jornada.

No tardó en darse cuenta de que, aunque ella creía tener un montón de pensamientos que le hacían sentirse mal, siempre terminaba en lo mismo:

–¡Es que siempre estoy dándole vueltas a lo mismo! –exclamó–. Que si mi padre no me quería, que si no tengo novio, que no sé qué hacer con mi vida… Y luego… Vuelta a empezar.

–Estupendo que te hayas dado cuenta por fin. Ya ves, creemos que todo está mal en nuestra vida y, en realidad, tan solo son unas pocas cosas las que no terminan de ir como nos gustaría; cosas importantes, pero que en realidad tan solo son una pequeña parte de nuestra vida –le dije mientras tomaba nota de quién era la persona cuyo amor tanto había echado en falta.

–Pero siguen doliendo, Javi.

–¿Cuánto rato tardaste en poner en su sitio estos pensamientos ayer?

–Unos quince minutos.

–¿Y el primer día, Mar?

–Lo cierto es que el primer día no llegué a terminar de hacerlo, me fui a dormir y aún le daba vueltas a un par de ellos.

–Pues de eso se trata. No de que te dé todo igual, ni de que deje de importarte. El reto es ser capaz de darte cuenta de qué pensamientos son los que te causan dolor, ver qué hay de cierto en ellos y hacerlo cada vez dedicándoles menos tiempo y energía.

»Las personas sentimos y así debe ser. El objetivo no tiene que ser el de dejar de sentir, eso ya está inventado y nos convierte en una sociedad supermedicada de personas casi autómatas incapaces de tomar decisiones. Yo te quiero sana y consciente, quiero que llores, te enrabies y te frustres, pero solo un rato, no que esas emociones sean capaces de secuestrarte por completo hasta el punto de incapacitarte para disfrutar de todo lo maravilloso que te rodea.

»Las cosas que a mí me preocupan no son muy distintas de las que te preocupan a ti.

–No lo creo –dijo Mar.

–Pues ya puedes creerme. Me causa pavor pensar que puedo terminar solo en este faro, me castigo por el dolor que en el pasado he causado a otros y por los errores que he cometido en la vida.

–Entonces no veo cómo vas a ayudarme.

–¿Y quién te ha dicho a ti que yo voy a ayudarte? Nadie puede ayudarte, aparte de ti misma. Es cierto que ni todo lo hago bien en la actualidad, ni mucho menos en el pasado, al igual que es cierto que a veces dudo acerca de la vida que he escogido, sería un tonto si no lo hiciera. Pero no dejo que ello me impida disfrutar, son pensamientos a los que les dedico poco tiempo al día y, aunque a veces puedan asaltarme las dudas, cuando estoy tranquilo y en calma, sé que este es el mejor lugar en el que puedo estar.

–Creía que podía aspirar a algo más.

–Esto es algo muy típico de esta sociedad: no disfrutar de lo que tenemos porque creemos que siempre puede haber algo mejor. Podemos estar más guapos, cobrar más dinero, tener una mejor pareja, una casa más grande… Quizá en algún lugar hay un faro más alto o un lugar con mejores vistas… Parece que siempre podemos aspirar a algo mejor. ¿Sabes hasta cuándo?

–No.

–Hasta que lo perdemos… Esto me recuerda un relato que me contaron hace mucho en el que un hombre empezó a perder la movilidad de una pierna y se quejaba a todo el mundo diciendo: «Lo bien que estaba cuando podía correr y no tenía dolor en esta maldita pierna». Luego, al cabo de un tiempo, empezó a sentir dolor en la otra y decía: «¡Ay! Si pudiera caminar como cuando tan solo tenía dolor en una pierna». Pasado cierto tiempo empezó a perder la movilidad de uno de los brazos y decía: «Ni las muletas puedo coger para ir de un sitio al otro». Cuando terminó por perder la movilidad del brazo que le quedaba, gritaba: «Ni tan siquiera puedo acercarme un vaso de agua o la comida a la boca, no puedo hacer nada». Hasta que se dio cuenta de que la vida se le escapaba y con un suspiro dijo antes de morir: «Si tan solo pudiera respirar una vez más».

»Así viven muchas personas, viendo lo que no tienen o lo que no pueden hacer, en lugar de ver todas las oportunidades que sí tienen para hacer cosas. Nos hacen creer que la felicidad no está en lo que tenemos y que solo cuando logremos lo que deseamos podremos ser felices, pero entonces lo alcanzamos y ¿qué sucede?

–Que deseamos otra cosa.

–Justamente. Por eso no debe preocuparte que no todo te parezca perfecto, así somos, pero debes aprender a no dedicarle a ello más tiempo del necesario, y eso, créeme, es más fácil en nuestro faro que cerca de todos los ruidos de la ciudad.

–¡Qué razón tienes! –exclamó Mar–. ¿Y qué puedo hacer entonces con todo aquello de lo que me arrepiento? Creo entender cómo gestionar mis miedos de cara al futuro, pero ¿y el pasado? Eso ya no lo puedo cambiar…

–Piensa por un momento en qué es de lo que te arrepientes. ¿Lo tienes?

–Sí, lo tengo clarísimo.

–Bien. Esta vez no me lo cuentes, eso no tiene por qué formar parte de nuestra vida, lo queremos dejar atrás. Anótalo en tu libreta.

Mar no tardó nada, ya que siempre la llevaba consigo.

–Ya.

–Ahora apunta al lado la emoción que esto que te sucedió te hace sentir.

–Ya está… ¿Y ahora qué?

–Ahora nada. Eso pasó y te hace sentir de este modo, no hay más, sucedió en el pasado, no puedes cambiarlo y esa es la emoción que te genera.

–Menuda birria de consejo.

–¿Estás segura? ¿Cuántos años llevas luchando con cómo te ha hecho sentir eso que sucedió? ¿Cuánto dolor te ha causado intentar convencerte de que puedes no sentirlo o de que quizás podrías sentirte de otra manera? Simplemente, deja de luchar. Eso sucedió y su recuerdo te causa la emoción que has anotado junto a ello, pero date cuenta de que, sea lo que sea, aquí eso no ha sucedido y por más que te arrepientas en este lugar no cambia nada, solo está en tu cabeza y ahora en la libreta, déjalo ahí y sigue adelante. Dejar de luchar, aceptar tu pasado y abrazar esa emoción es la única manera de continuar con tu vida.

–Quizás no sea tan mal sistema este –dijo en voz baja.

14. Bravo

Mar continuó con sus ejercicios hasta que, un día, pasados ya algunos meses, en uno de nuestros paseos, me comentó que por fin había hecho las paces con sus pensamientos, que los tenía, que no le eran indiferentes, pero que los aceptaba y apenas les dedicaba unos pocos minutos al día.

Fue entonces cuando creí oportuno despertar de nuevo al perro que dormía en sus pensamientos, así que, mientras estábamos dando un largo paseo le pregunté:

–¿Quieres decirme ya qué es lo que te ha causado tanto dolor?

–No acabo de acostumbrarme a que me hagas estas preguntas tan personales como si nada –dijo mientras ponía los ojos en blanco y miraba al cielo.

–Si no quieres, no tienes por qué responderme, te lo pregunto porque sé que ya estás preparada y que hablar de ello seguro que te hace bien.

–A veces me arrepiento de no haber saltado al vacío –dijo con solemnidad–. Y otras veces, en cambio, me arrepiento de haber estado a punto de hacerlo. ¿Te lo explicas? ¿Puedes decirme por qué me pasa esto?

–Normal que no lo entiendas, porque «¿por qué?» no es la pregunta. La pregunta que deberías hacerte, la pregunta correcta es «¿para qué?».

–¿Cómo?

–¿Para qué saltar? –repetí.

–Para dejar de sufrir.

–Y ¿para qué no saltar?

–Para vivir y no hacer sufrir a quienes quiero, para ver otro amanecer, para poder conocer a alguien con quien compartir mi vida…

–¿Cuál de los «para qué» es más poderoso? Para dejar de sufrir o para vivir y no hacer sufrir a quienes quieres, para ver otro amanecer, para poder conocer a alguien con quien compartir tu vida…

–Sin ninguna duda el segundo.

–¿Qué puedes hacer para que el «para dejar de sufrir» pierda su fuerza? ¿Crees que el único modo de dejar de sufrir es dejando de vivir?

–No, de sobra sé que hay personas que han pasado por situaciones mucho más duras y que no se rinden, que son capaces de aprender a aceptar.

–¿Aceptar el qué?

–Aceptar que no todo es perfecto, que no todo sale del modo en el que nos gustaría y que no siempre nos quiere quien queremos.

–¿Y esa es la solución? ¿Qué ganas aceptando? –pregunté.

–Posiblemente, sentir el mismo dolor, pero durante mucho menos tiempo.

–¡¡¡Bravo!!! –exclamé.

La abracé y, secuestrados por ese momento de euforia, nos besamos. Al momento y como si un resorte se hubiera disparado, ambos dimos un paso atrás e hicimos como si no hubiera sucedido. Continuamos con el paseo, los dos con una sonrisa; no sé si por el beso o por lo importante que era para Mar lo que había aprendido.

De sobra sabía que se sentía vulnerable y que no podía saber si en otras circunstancias ella también se hubiera sentido atraída por mí, quizás era su vulnerabilidad y la sensación de sentirme como una especie de salvador lo que me atraía a mí de ella. En cualquier caso, decidí no volver a besarla hasta estar seguro de que había recuperado su autoestima y que lo que la retenía en el faro era que en él se sentía feliz, que no se quedaba porque estuviera huyendo de otro lugar.

Hicimos el resto del paseo en silencio, pero curiosamente no era un silencio incómodo, sino más bien cómplice. Ambos estábamos de acuerdo en que aquel era un momento para la amistad y no para el romanticismo.

Durante la cena, le pregunté de nuevo:

–¿Hay algo más de lo que te arrepientes?

–Nada –dijo con un gesto de complicidad.

Fue en ese instante en el que me di cuenta de que todo había cambiado, no podía seguir haciendo el papel de maestro. Aunque fuera durante tan solo unos segundos, habíamos tenido un momento de intimidad y, cuando esto ocurre, es necesario que ambas personas estén al mismo nivel, de lo contrario hay una de las dos que, aun no queriéndolo, se halla en una situación de poder sobre la otra y pervierte la relación. De modo que me decidí a ser tan franco con Mar como ella lo había sido conmigo durante todo aquel tiempo, seguiría acompañándola en este camino hacia el aprendizaje, pero ya no lo haría como el maestro, sino como el amigo o el compañero que, habiendo hecho ya el viaje, se decide a hacerlo de nuevo, esta vez con el objetivo de acompañar a quien aprecia.

–Quizá te cuesta ver otras cosas de las que te arrepientes porque la palabra arrepentirse suele tener connotaciones negativas. Y si te pregunto: ¿te hubiera gustado hacer alguna cosa de forma diferente?

–Tantas cosas… Pero creo que no tenía opción.

–Siempre hay opción.

–No para mí…

Mar compartió conmigo el relato de su vida. Fue una especie de monólogo que duró hasta pasadas las tres de la mañana, un relato sincero emotivo y tan delicioso como el vino tinto de un pequeño pueblo del Priorat con el que íbamos bajando las palabras y regando las emociones de vez en cuando.

Resulta que Mar nació en un pueblo rural a las afueras de una gran ciudad, su padre continuaba siendo un misterio, ya que evitaba hablar de él, se limitaba a acompañar cualquier referencia a él de un breve silencio o de un gesto que era una mezcla de melancolía y rencor. Ella era la pequeña de dos hermanas, su hermana mayor era una persona más interesada en su propio bienestar que en el del resto de la familia. Por lo visto, se casó joven e hizo su vida al margen del resto de la familia. Lo que realmente la marcó fue una temprana enfermedad de su madre, una maestra elegante, lista y vital a la que una demencia muy prematura y anormalmente rápida fue incapacitando hasta dejar en la cama sin más reflejo que el de comer, respirar y alguna mueca cercana a una sonrisa ante los gestos de cariño de quienes la cuidaban.

Mientras continuaba con su relato, sacó una foto en blanco y negro de su bolsillo, que a modo de estampita de la Virgen llevaba siempre con ella. No exagero si te digo que su madre era una mujer realmente hermosa, delgada, de piel blanca, de cabello negro y con una elegancia propia de las actrices de los años dorados de Hollywood.

Mientras su padre permanecía ausente –en ese momento yo continuaba desconociendo el motivo– y su hermana estaba más pendiente de sus necesidades que las de cualquier otro, fue cuando Mar se sintió en la obligación de pasar tanto tiempo con su madre como le fuera posible.

Desde los dieciocho a los veintinueve dividió su tiempo entre los estudios, el trabajo y las atenciones a su madre, de la que tan solo quedaba su belleza y el recuerdo de la inteligencia, que en otros tiempos poseyó, sobre la cama del hospital.

Mar me confesó que cada noche deseaba que fuera la última y que cada mañana pedía poder pasar junto a ella una noche más. Mientras tanto, sus sueños de vivir en otro país, aprender un nuevo idioma, conocer a personas y culturas diferentes se iba quedando atrás. Esa cama de hospital las tenía a las dos presas: a su madre por su enfermedad y a ella por el amor que le profesaba.

Así que Mar era hija, cuidadora, trabajadora, amiga y mujer. Y cuando digo mujer, no me refiero solo al género con el que se identificaba, me refiero a una mujer con deseo sexual hacia los hombres y con proyectos de crear una familia. Ella deseaba «el paquete completo» y en su versión más tradicional y romántica. Me di cuenta de que esta parte del relato de su vida le causaba aún más pudor que hablar de la enfermedad de su madre y de cómo esta la había condicionado.

El caso es que el escaso tiempo que le quedaba intentaba dedicarlo casi por completo a unas pocas amigas a las que, a pesar de apreciar mucho, dejaba fuera de las dificultades familiares, posiblemente para poder tener un espacio «normal». Hablar con ellas de la enfermedad de su madre y las exigencias que de ella se derivaban seguramente le hubiera generado alivio, pero también hubiera hecho que sus amigas se interesaran, que le preguntaran o incluso que se ofrecieran a acompañarla, y eso la hubiera obligado a prescindir de una de sus dos vidas: la de alguien que fingía tener una vida como la de los demás, con un padre y una madre preocupados por su bienestar, lo que a ella le permitía ser una adolescente irresponsable y egoísta. Sin embargo, la realidad, oculta tras una apariencia de felicidad y desenfado, era que se veía obligada a suplir a un padre ausente y a una hermana egoísta para cuidar a una madre enferma, asumiendo obligaciones propias de una persona adulta.

15. El amor

Mar continuó con su relato mientras yo escuchaba atento.

Cuando estaba ya acabando la universidad, conoció a alguien. Se vieron por primera vez uno de esos jueves universitarios –es tradición en algunas ciudades universitarias salir la noche del jueves, ya que muchos estudiantes pasan la semana en el campus y los viernes, en cuanto terminan las clases, salen disparados hacia sus pueblos para pasar tiempo con la familia y los amigos–. Como ya te puedes imaginar, esa no era la vida de Mar: ella vivía en casa y hacía el recorrido de ida y vuelta a la universidad todos los días. Estudiaba enología. Este ir y venir le quitaba cuatro horas a todos sus días, pero vivir en un piso de estudiantes era uno de esos privilegios a los que ella no podía optar, ya que no podía dejar de atender sus responsabilidades.

El caso es que ese no era un jueves universitario normal, quedaban pocos meses para terminar la carrera y los compañeros le insistieron en que esa salida no se la podía perder, así que finalmente se dejó convencer, quedó con una de las cuidadoras para que a cambio de un dinero le hiciera algo más de compañía a su madre y aceptó la invitación de una de las amigas para pasar la noche en el campus. Es curioso cómo las emociones se pueden entremezclar pasando de una a la otra a toda velocidad, modificando a la vez nuestro estado de ánimo sin tiempo para acostumbrarnos. En este caso, Mar pasaba de la ilusión a la melancolía cada pocos minutos, lo que le hacía sentirse alegre por hacer lo que el resto llevaba haciendo los últimos cinco años, aunque fuera una sola vez. Este chute de serotonina, que la hacía sentirse anormalmente feliz, venía acompañado de la culpa por, aunque fuera una sola vez, pasar su felicidad por encima de la de los demás. En concreto, sus ganas de salir con los amigos, en lugar de hacer compañía a su madre. Estos pensamientos la alejaban de la felicidad, disminuían sus niveles de serotonina y daban paso a una dopamina que anticipaba la ansiedad y la tristeza por, según ella, no cumplir con sus obligaciones y pensar en lo mal que se sentiría si algo malo pasara ese día… Para, después, tras una llamada, un mensaje o pensar en qué se pondría esa noche, volver a ilusionarse de nuevo. Una montaña rusa: de la tristeza a la ilusión una y otra vez, de la culpa a la preocupación, sin poder simplemente disfrutar tal y como lo hacía el resto de sus compañeros.

Según me contaba, fueron pasando las horas en aquella fiesta y empezó a descubrir un mundo que desconocía casi por completo. Otras veces había ido a pubs o discotecas, pero siempre tras pasar por el sociosanitario y yendo a dormir a eso de las tres o las cuatro a casa. Aquello no tenía nada que ver, ahí estaban todos sus compañeros. Se dio cuenta de que ellos conocían a un montón de gente del resto de universidades: psicología, económicas, derecho, biología, magisterio… Todos mezclados, parecían todos amigos. La fiesta tenía lugar dentro de la discoteca, pero seguía en la calle. Unos chicos de la facultad de química dijeron que tenían el piso muy cerca y que podían subir a tomar algo sin pagar el precio de las copas en la discoteca. Su amiga Sonia, compañera de clase, los conocía, así que se decidieron a subir, nunca había visto tanto alcohol y drogas juntas: marihuana, cocaína, pastillas… Incluso un chico había preparado una tortilla con unas setas que nada tenían que ver con las que suelen poner las abuelas para acompañar la carne. Mar no se lo podía creer, eran las cinco de la mañana y eso no parecía tener fin. Gente enrollándose, bailando, bebiendo y drogándose. Se dio cuenta de que apenas conocía a algunos que creía amigos. No estaba segura de cómo debía sentirse, no los juzgaba, ni siquiera sabía qué pensar, pero lo cierto era que todo aquello la superaba… Por más que intentaba relajarse y disfrutar, se sentía fuera de lugar. Fue entonces cuando, en una de esas idas y venidas entre un pub y el piso de estos chicos, se alejó un poco del bullicio para intentar descansar un momento de tanto ruido y de tanta gente, algo a lo que en absoluto estaba acostumbrada.

A los pocos metros de la entrada de la discoteca, bajo una farola, encontró un banco. Ese parecía el único lugar razonable para sentarse y, sin embargo, era el único en el que no había nadie. Había jóvenes sentados sobre los capós de los coches, encima de contenedores, en la acera, incluso estirados en la calzada, pero en el banco no había nadie. Mar no entendía nada, se sentó y se quedó un rato más observando a todas aquellas personas; de día, gente normal y, en cambio, de noche, personas sin prácticamente límites, alejadas de la conciencia. Se comportaban como si fueran todos grandes amigos. Aunque durante el día eran compañeros de clase que ni se saludaban, ahí se abrazaban como si se hubieran echado muchísimo de menos. Ayer se ignoraron, pero hoy se habían reencontrado. Mar pensaba que lo que sucedía era que estaban borrachos, que, una vez que el efecto de las drogas y el alcohol desapareciera, dejarían de caerse bien. Mar seguía pensando: ¿Cuándo eran más auténticos bajo los efectos de las drogas o una vez serenos? ¿Eran las drogas las que los liberaban de los prejuicios o simplemente les hacían distorsionar la realidad hasta hacerla encajar con sus anhelos? ¿Veían y oían lo que proyectaban o se comportaban de manera espontánea sin prejuicios, liberados de las cadenas de las normas sociales? Estuvo un buen rato observando como lo hace un estudioso del mundo animal, sorprendida por lo divertido, espontáneo y aparentemente sincero del comportamiento de algunos en contraposición con las conductas decadentes, tristes e incluso bochornosas de otros. Entonces de repente alguien se acercó y le preguntó:

—Perdona, ¿puedo sentarme?

Mar se dio cuenta enseguida de que se trataba de un estudiante que tampoco terminaba de encajar ahí.

—Claro, hay sitio de sobra.

—Gracias —respondió.

Y ambos permanecieron sentados en silencio contemplando lo que sucedía sin perder detalle.

Poco a poco, fue amaneciendo y, con los primeros rayos de luz del sol, desapareció lo atractivo de la noche de fiesta, dando paso a vómitos, gente completamente pasada por los efectos de las drogas, llantos y caras de arrepentimiento. Eso fue todo lo que el sol empezó a iluminar en pocos minutos. Como si fueran vampiros, todos fueron desapareciendo. Se dio cuenta de que su amiga Sonia se marchaba sin preocuparse por ella, no podía perderla si quería dormir un poco y recuperar sus cosas.

–¡Adiós! –gritó mientras se alejaba de su silencioso compañero para alcanzar a su amiga.

Sonia se pasó todo el camino de vuelta parloteando acerca de lo mucho que había bailado, y de que si este se había enrollado con este otro, que la música de aquí fenomenal y que a este otro pub no volvería.

Mar me comenta que mientras tanto ella asentía sin decir nada, lo que en realidad no importaba porque Sonia tampoco la hubiera escuchado, era un monólogo con todo lujo de detalles acerca de lo mucho que se había divertido y de todas las personas con las que se había encontrado.

Continuó contándome lo que sucedió esa noche, la veía revivir cada instante como si lo estuviera viviendo por primera vez, quizá me lo explicaba así para que pudiera entender cuánto le impactó lo sucedido.

Poco antes de llegar al piso de Sonia, se detuvieron delante de una panadería, serían eso de las seis de la mañana, y su amiga golpeó la puerta metálica. «¿Qué haces?», le gritó. Al momento se subió la persiana y un hombre de unos cincuenta años completamente vestido de blanco y con los brazos cubiertos de harina le dijo: «Tres euros». Su amiga le entregó un billete de cinco arrugado que sacó de su bolsillo y el hombre lo cogió con desdén y se volvió a meter dentro sin mediar palabra. Al poco rato salió con una bolsa llena de recortes de pastas secas y se lo entregó junto con los dos euros de la vuelta. Según me explicó Mar, todo esto pasó sin que intercambiaran una sola palabra, sin una mirada. Al no estar ella bajo los efectos del alcohol, notó el desprecio con el que ese panadero trataba a quienes le pedían unos recortes que cobraba a precio de cruasanes. Sonia le sonrió enseñándole la bolsa y empezó a hablar del señor de la panadería, le dijo que era muy buen hombre, que guardaba los recortes para cuando volvían con resaca, hablaba de él como si fuera un santo, San Resaca, preocupado por el bienestar de quienes volvían de una noche de borrachera. Ese hombre que, con una indudable visión empresarial, embolsaba los excedentes que tenía que tirar y se los vendía a precio de bollería recién hecha mientras esperaba que el pan que debía tener listo a las ocho de la mañana saliera del horno. Un buen negocio que hacía a pesar de despreciar a todos aquellos jóvenes que no sabían, según él, lo importante del trabajo duro. Sin embargo, Sonia creía que era otro amigo más, que tenían una relación especial, se sentía como si fuera del selecto club de borrachos a los que el panadero deleitaba con lo que, según ella, era lo mejor de la panadería. Ahí fue cuando Mar se dio cuenta de que nada de lo que sus compañeros creían vivir cada jueves era cierto, ni los muchachos eran tan guapos, ni la música tan buena, ni aquellos eran sus amigos, nada era cierto, pero parecía que solo ella conocía este gran secreto. Generaciones de estudiantes desde hace décadas saliendo jueves tras jueves, emborrachándose, machacando su salud, poniéndose en riesgo, algunos llevándose una paliza o siendo abusados, sufriendo robos, violaciones, comas etílicos… E incluso una o dos veces al año había alguna muerte. Llegados a este punto, Mar me contó que quizás no se había perdido tanto teniendo que cuidar a su madre, en lugar de vivir una y otra vez una falsa realidad teñida de alcohol y drogas, pero a la vez le daba pena saber que no podía encajar al ser la única que parecía ver el engaño. Bueno la única no porque había conocido a un joven silencioso que, sentado en el banco, parecía saber también que aquello no tenía sentido.

A la mañana siguiente, todo pareció volver a la normalidad. Como cada viernes, en las tres primeras horas apenas había alumnos en clase, pero poco a poco se iban llenando las aulas a partir de las doce de la mañana. Ya no eran íntimos amigos como la noche anterior, de nuevo se ignoraban. Todos bien peinados, muy dignos y con ese aire de superioridad intelectual de quien se cree mejor solo por tener unos padres que les pagan los estudios y les permiten vivir sin trabajar ni preocuparse, gastando en alcohol, tabaco y otras sustancias lo que en casa de Mar invertían en medicinas.

Lo cierto es que no todo era igual, Mar sí había cambiado.

Mientras que el resto parecía no recordar nada de lo sucedido la noche anterior, ella lo recordaba con todo detalle, y eso puso una distancia enorme entre ella y aquellas personas con dos vidas completamente distintas e incoherentes: por un lado, discutían en la cafetería sobre política, filosofía o economía y, por otro, cada jueves, soltaban sus instintos engañándose a sí mismos acerca de lo que sucedía para disfrutar durante un rato de una especie de fantasía y, curiosamente, olvidarla casi por completo al amanecer. Lo que antes le parecía elocuencia e inteligencia ahora lo vivía como una falsa superioridad moral, ya que lo que decían nada tenía que ver con lo que hacían cuando salían. Eran como los padres que prohíben a sus hijos justamente lo que ellos hacen y luego alardean ante los amigos de lo aplicados que son sus retoños, sin saber que es tan solo un espejismo, ya que durante los primeros años de vida las conductas se imitan, no se imponen.

Decían preocuparse por las desigualdades y luego pateaban la persiana del panadero; hablaban de justicia social, pero quemaban los billetes fiesta tras fiesta; decían creer en la igualdad entre hombres y mujeres y luego intentaban aprovecharse de las chicas. Mar no podía con tanta hipocresía, y eso la hacía sentir todavía más sola.

Puede parecer difícil saber cuál es el límite entre diversión y adicción. Cuándo se trata de algo «normal» y cuándo es algo de lo que deberíamos preocuparnos. Y más aún cuando «todos» lo hacen, incluso parece estar institucionalizado. Parece aceptado, en muchas universidades, que la mañana del viernes puedan faltar muchos de los alumnos o presentarse en condiciones incompatibles con el estudio.

En realidad, si tomamos un poco de distancia, los límites son muy claros: en el caso de que el consumo de sustancias te impida con frecuencia descansar, relacionarte, estudiar o trabajar de manera correcta, estaríamos hablando de adicción. Y cuando además crees necesitar consumir para poder descansar o activarte o, lo que suele resultar más frecuente, socializar, en este caso estaríamos hablando de drogadicción. Sé que puede parecer exagerado o duro, pero esto es porque hemos hecho de lo tóxico una conducta aceptada e incluso promovida por nuestra sociedad. Parece hacer gracia el consumo de alcohol y cannabis, e incluso se asocia con la diversión y la autenticidad, en lugar de con la decadencia y la enfermedad. Quienes hemos podido vivir estas situaciones sabemos de personas que han pagado un alto precio, ya sea padeciendo algún tipo de enfermedad física o mental o sufriendo un accidente bajo los efectos de alguna droga.

Los individuos somos libres de escoger el modo de ocupar nuestro tiempo de ocio, pero es necesario hacerlo partiendo de la objetividad y el espíritu crítico, en vez de movidos por la inercia de una masa social que a veces promueve conductas poco saludables y de riesgo.

Ese jueves universitario lo cambió todo. Mar se alejó cada vez más de quienes había considerado sus amigas y se centró en el estudio y en el cuidado de su madre. Pero ya no como quien renuncia a la vida que querría, sino que lo hacía convencida de que la alternativa a su vida, aunque pudiera parecer mejor, no lo era. Pero esto la hacía sentir cada vez más sola, cada vez más triste, solo un pensamiento la aliviaba: ahora sabía que había un joven en algún lugar que parecía ver lo que sucedía igual que lo hacía ella. Recordaba su voz y su aspecto, y empezó a imaginar cómo sería conocerle, más adelante se imaginaba que eran novios, que tenían una relación, que hacían el amor, que viajaban, etc. Cada vez dedicaba más tiempo a esa vida imaginaria junto al joven silencioso del banco bajo la farola.

Poco a poco, según me explicó ella, fue modificando sus paseos para pasar junto al banco con la esperanza de encontrarlo un día ahí sentado. Primero lo hacía cuando le venía más o menos de paso, pero al final se acercaba a aquel lugar cada vez con más frecuencia y pasaba más rato allí, leyendo, mirando el móvil e incluso estudiando. Pasaron varias semanas hasta que un día… ahí estaba.

El único hombre con el que Mar creía poder ser feliz, el único que parecía no haber caído en esa rueda de borrachera y superioridad moral, el único que, por lo menos en apariencia, no necesitaba emborracharse para soportar una vida tan falsa como para tener que tomarse todas las semanas unas «vacaciones» de ella con la ayuda de la química.

16. El desamor

Llegados a este punto, Mar continuó con su relato, pero con menos detalle y más dolor. Por lo visto, proyectó en ese joven –del que ni me dijo el nombre, ni yo le pregunté, porque en realidad no importaba quién era él, lo único importante era cómo la había hecho sentir– todos sus deseos. El caso es que hablaron durante horas y ya no se separaron más durante cinco años, cinco buenos años. Mar visitaba a su madre y luego quedaban para estudiar, dar paseos y hacer planes; planes acerca de dónde vivirían, cuántos hijos tendrían, lo mucho que viajarían y lo felices que serían

Por lo visto, él apenas visitaba a la madre de Mar y, aunque en muy contadas ocasiones había visto a su padre, era evidente que no se caían bien.

Cuando la madre de Mar falleció y llegó el momento de poner en marcha todos los planes, algo cambió. Al principio parecía que todo iba según lo acordado y fueron a ver varios pisos, pero él siempre encontraba algún defecto: demasiado caro, alejado del centro, poca luz, pocos metros, demasiado grande… Hasta que encontraron la casa perfecta, era de una vieja amiga de su madre, en el mismo centro de la ciudad, todo exterior y por un precio ridículo. La amiga de su madre decía que la dejaba por un precio tan bajo porque sabía que ella la cuidaría bien.

Fue en ese momento, en el de pasar a la acción, cuando salió a la luz la verdadera personalidad de quien ella creía era su alma gemela. Entre sollozos cobardes, le dijo que no estaba seguro, que era una chica fantástica, que la quería mucho, pero que no estaba preparado, que la amaba, pero que quería estar solo. Estas palabras se le clavaron como una daga a Mar, su mundo se hundió, sin su madre, con un padre ausente y, ahora que parecía que por fin podía empezar a construir una vida «normal», la única persona que ella creía que la entendía, con la que pensaba que podría formar una familia, le decía que la quería, pero que no quería vivir con ella.

No solo perdió a un novio, perdió el futuro, un futuro que había imaginado una y otra vez, una vida que tenía perfectamente planificada. Y, aunque no se puede perder lo que nunca ha sucedido, en su cabeza hacía ya mucho tiempo que había imaginado cómo sería compartir la vida con él, formar una familia o criar un hijo. Y, de un plumazo, todo lo que ella había imaginado se esfumó. De la ilusión a la más profunda de las desesperanzas, ahora estaba segura de que jamás tendría una familia.

Este suceso dio paso a meses de odio hacia quien le había prometido una vida juntos y la había dejado justo cuando ella más lo necesitaba: al morir su madre. Cuando todos sus sueños podían convertirse en realidad, él se había echado atrás.

Cada vez que empezaba a remontar, una llamada o un mensaje de él la devolvían de nuevo al punto de partida, siempre con informaciones contradictorias: «Te quiero, pero no» o «Quiero verte, pero como amigos». Incluso llegó a dar muchos rodeos para hacer el amor con Mar, pero sin ataduras.

Esta relación tan tóxica con quien le prometió la luna y no le dio más que mentiras le hizo perder toda esperanza en el amor. Si aquel, su confidente, el único capaz de ver el modo de vivir de sus compañeros como una farsa, el que parecía su alma gemela, la persona que parecía predestinada a pasar la vida con ella, quien seguro tenía anudado en su dedo el otro extremo de ese hilo rojo que dice la leyenda que ata a quienes están hechos el uno para el otro, si él la había dejado causándole tanto dolor, entonces ya no había esperanza para el amor, o no para ella. Estaba demasiado alejada de las experiencias y de la realidad del resto de jóvenes; con apenas veintisiete años, el amor, la posibilidad de tener una pareja e incluso de formar una familia habían muerto para ella, y eso era aún más doloroso que haber perdido al que creía el amor de su vida.

La rabia hacia él se fue convirtiendo en odio a su padre y rencor a su hermana. Los culpaba de dejarla sola, de haberla convertido en un bicho raro incapaz de actuar como los demás. Llegados a este punto, despreciaba a todos: a su ex por mentirle y hacerle creer que podían tener un futuro juntos, mientras que en realidad solo la había utilizado para entretenerse; a su padre por abandonarla; y a su hermana por actuar con tanto egoísmo.

Ahora se encontraba completamente sola: una hermana que nunca estaba disponible y que ponía toda la distancia posible para que no se rompiera el espejismo de esa vida perfecta que fingía tener; una madre amorosa e inteligente que se marchó dos veces, la primera con la enfermedad y la segunda con su muerte; y un padre del que, aunque recordaba vagamente como muy inteligente y bondadoso, no tenía noticias desde hacía ya algunos meses. Lo último que supo de él, a través de una carta, fue que estaba cansado de trabajar, de una vida de lujos vacíos y que le pedía perdón por haber delegado en ella, tan solo una niña, el cuidado de la que había sido el amor de su vida. Según me comentaba Mar, esa carta, lo último que supo de su padre, parecía sincera, y eso aún le hacía odiarlo más, no pensaba perdonarlo, le había arrebatado su juventud y encima pretendía que lo perdonara.

Todas estas cosas le llevaron a la desesperación: una juventud robada, teniendo que asumir responsabilidades que no le tocaban por su edad como cuidar de quien se suponía que tenía que cuidarla a ella; una hermana egoísta que, por lo menos aparentemente, había conseguido distanciarse de todos para poder vivir una vida normal; un padre que no era padre, sino alguien que de vez en cuando aparecía para alardear de la importancia de su trabajo, de lo mucho que cobraba y de cuánto necesitaban ese dinero para que Mar pudiera estudiar y también para poder pagar los cuidados de su madre. Todos lo admiraban y, sin embargo, no hacía lo mínimo que debe hacer un padre: estar.

Mar había tenido una vida al margen del resto de chicos y chicas de su edad, a los que no comprendía y con los que se dio cuenta de que no terminaría de encajar nunca, ya que cuando tuvo la oportunidad de pasar tiempo con ellos vio que era ya demasiado tarde; uno no puede subirse a un tren cuando el resto ya ha recorrido la mitad del camino. Y la gota que colmó el vaso: cuando parecía que ella también podía tener una vida, que había encontrado a un compañero con quien vivir y formar una familia, todo se esfumó.

Se encontraba de nuevo en la casilla de salida, pero esta vez sin ni siquiera tener una misión, la de cuidar a su madre, que, por un lado, la había esclavizado y, por el otro, había dado sentido a su existencia.

Fue precisamente el perder lo que le daba sentido a su vida lo que le hizo sentirse completamente vacía, para a continuación caer en la cuenta de su soledad.

17. Todo cobra sentido

Alguien dijo que, cuando conoces con detalle la vida de una persona, su conducta, como por arte de magia, cobra sentido. Y eso es justamente lo que me sucedió con Mar. Es de locos pensar en saltar de un precipicio, pero después de escucharla con atención y sin juzgarla, entendí lo insoportable que debía de ser sentirse así de sola, sin objetivos y con la creencia de que le esperaba una vida en un mundo que no comprendía, sin una familia en la que apoyarse y, lo que es peor, de la que no quería saber nada.

Cuando terminó su relato, seguíamos sentados con nuestras copas en la mano. Alargué el brazo para alcanzar la segunda botella y vacié el poco vino que quedaba repartiéndolo entre los dos. Para entonces nos encontrábamos sentados en el suelo frente a la chimenea. Ella se bebió de un trago el resto de la copa, apoyó su cabeza en mi hombro y cerró los ojos. No pasaron ni cinco minutos cuando se quedó completamente dormida. Me levanté con cuidado para no despertarla, la cogí en brazos, la llevé a su cama, le quité los zapatos y salí de la habitación, no sin antes detenerme un instante junto al marco de la puerta para verla dormir.

A la mañana siguiente me desperté, preparé café y salí a hacer mis ejercicios matutinos. Y allí estaba ella, sentada junto al acantilado meditando. Tranquila, en calma, parecía haber hecho por fin las paces con el lugar más bello de nuestro faro. Caminé unos metros y me puse yo también en silencio a meditar. Lo curioso fue que esa vez sentí algo que nunca había sentido. No eran pocas las veces que al meditar por las mañanas me había sentido parte de la tierra, el mar y el viento, incluso en una ocasión noté que formaba parte de las partículas de agua salada que ascendían con la corriente de viento elevándome algunos metros por encima de mi cabeza. Pero en esta ocasión lo que sucedió fue aún más revelador: seguía en conexión con la naturaleza, pero también me sentía conectado con Mar. Me encontraba a tres o cuatro metros de ella, en ningún momento se había dado la vuelta para mirarme y permanecía con los ojos cerrados. Sin embargo, Mar sabía de mi presencia. Me tumbé en el suelo.

Hago una pausa en mi relato para contarte que, para meditar, muchas personas escogen la postura del loto (con las piernas cruzadas y apoyando cada pie en el muslo contrario mientras se mantiene la espalda recta y las manos sobre las rodillas) o la de *virasana* (que también se conoce como «la postura del héroe», y consiste en sentarse doblando las rodillas y apoyando los glúteos sobre los talones, mientras se mantiene la espalda recta y las manos apoyadas en las rodillas o la falda). Yo siempre he preferido hacerlo tumbado para mantener la mayor parte de mi cuerpo en contacto con la tierra. Es cierto que al principio puedes sentir molestias si, por ejemplo, se te clava alguna piedra en la espalda. Naturalmente, si alguna tiene un tamaño considerable, la retiro con cuidado, y si las pequeñas se cuelan en mi conciencia, es porque aún no me hallo en plena fusión con la tierra. Pero cuando lo consigo, ya no molestan, ya que siento que formo parte de la piedra y, lo que es más importante, que la piedra forma parte de mí.

El caso es que, una vez tumbado, empecé mis ejercicios de respiración (cuatro segundos inspirando, siete manteniendo la respiración y ocho espirando) pero, una y otra vez, mi respiración se acomodaba a cinco segundos de inspiración y cinco de espiración. No me esforcé en absoluto en cambiar esto, al fin y al cabo, meditar consiste en dejarse ir, en aceptar, en soltar aquello que nos molesta, y esta vez las respiraciones, que hacía antes de abandonarme a ser parte de la naturaleza y que durante años me habían funcionado, parecían no ser las adecuadas. Sentí también mi corazón latiendo algo más rápido de lo habitual, pero no era una latido nervioso, tan solo algo más acelerado. Igual que mi respiración, noté distinto el resto de mi cuerpo, como si fuera algo más pequeño, ligero, un poco más acelerado, sin llegar a resultar incómodo y, lo que es más extraño, lo sentí sentado en lugar de acostado, tal y como yo me encontraba. Entonces lo entendí, por primera vez la meditación me había llevado a ser uno con otra persona, no era ni el viento ni el mar, era Mar. Un pensamiento apareció en mi mente, estaría bien poder coger su mano para compartir esta sensación con ella. «Hazlo» fue mi siguiente pensamiento y, en ese mismo instante, noté cómo su mano y la mía se entrelazaban. Una ola de energía me entró por la mano, ahora sí sentía, sin ninguna duda, que yo era ella y tenía la certeza de que ella era yo.

Pasamos así un buen rato, no sé cuánto, ya que el tiempo se detuvo. Más tarde comprobamos que fueron cerca de tres horas siendo uno y el otro a la vez. No sé cuál de los dos soltó primero la mano, ni siquiera sé quién era yo de los dos un instante antes de salir del estado en el que nos encontrábamos inmersos. Abrimos los ojos y ahí estaba ella sentada a unos cinco metros de mí, algo de esa conexión tan especial se mantuvo durante el resto de nuestras vidas. Desde aquel momento, la unión entre nosotros era mayor, habíamos estado uno dentro del otro. Habíamos sentido el latido, la respiración y las emociones del otro. Incluso había podido ver a través de su mirada, no imágenes, sino emociones. Ahora sabía cómo de intenso era el amor hacia su madre, la ambivalencia del sentir hacia su padre, cuánto daño le hizo amar a un cobarde. Ella, a su vez, sintió el amor por mi familia, la frustración que me suponía no ser capaz de vivir en calma en sociedad o mi profundo afecto hacia Juan.

Nos levantamos sin dejar de mirarnos a los ojos y cada uno fue al encuentro del otro. Con pasos decididos, nos dimos la mano, esta vez no solo en el plano espiritual, sino que también lo hicimos en el físico y anduvimos de nuevo hacia el interior del faro. Era el momento de alimentar nuestros cuerpos, ahora que ya habíamos alimentado nuestras almas.

Estábamos empezando a construir la más bonita de las relaciones, a las que solo pueden aspirar quienes tienen paciencia suficiente para esperar a la persona adecuada.

Cuando hacemos referencia al amor, nos referimos tanto a la química del amor, que estaría relacionada con la atracción, como al sentimiento hacia nuestra pareja, amistades o familia. Naturalmente, estamos hablando de cosas distintas en cada uno de estos casos.

Fue Sternberg quien afirmó que intimidad, compromiso y pasión eran elementos necesarios en el amor; además de ser capaces de superar dificultades, hablar con confianza, sentirse libres y respetar al ser amado.

Desde el punto de vista de la psicología, se considera que hay cuatro elementos indispensables en una relación de amor sana:

- La **intimidad**, que es la consecuencia de un nivel de confianza alto, que permite la expresión de las emociones y el fortalecimiento del vínculo.
- La **pasión**, que nos lleva a la excitación y eleva la relación a un nivel distinto al de cualquier otra muestra de amor.
- Los **valores**, que deberán estar alineados para que no se den constantes conflictos y permitan tener una vida coherente con las prioridades de cada miembro de la pareja.

- Y, por último, el **compromiso**, que es el que hace realmente fuerte el vínculo y permite superar dificultades cuando la intimidad y la pasión se ven afectadas por una u otra cuestión.

El amor romántico, que desde pequeños nos explican con los cuentos infantiles y en la vida adulta refuerzan con películas poco realistas, lleva a muchos individuos a sentirse insatisfechos con relaciones que son objetivamente buenas. La confianza, el afecto y el compromiso son necesarios para construir una buena relación.

Mientras yo servía el café, ella preparaba las tostadas; mientras yo ponía la mesa, ella exprimía un zumo de naranja. Después de esa experiencia tan profunda, habíamos pasado a ser uno y dos a la vez.

–¿Y ahora qué? –dijo por fin Mar.

–Ahora –respondí.

–¿Y luego? –contestó.

–Podemos esperar que «luego» sea «ahora» de nuevo.

Me di cuenta de que, aunque estaba contestando completamente en serio, podía parecer que huía de la respuesta o que intentaba tomarle el pelo. Además, de sobra sabía cuánto había sufrido a causa de unas expectativas que no se cumplieron. De modo que completé mi respuesta tanto como pude.

–Creo, Mar, que ambos estamos sintiendo emociones parecidas. La conexión que hay entre los dos, estoy seguro de que la mayoría de las personas no llegarán a sentirla jamás por nadie.

–Pero… –interrumpió.

–No hay pero. Hay ahora. Ahora siento que este solitario farero que soy yo tiene por fin una compañera. Yo, al igual que tú, había perdido la esperanza de compartir mi existencia con alguien. Quizá, incluso, de formar una familia. Ahora mismo siento que soy uno contigo, aunque sigo siendo uno yo solo también. Ahora mi felicidad es completa, ahora me siento más vivo que nunca y ahora deseo por encima de todo que tú seas feliz a mi lado.

»"Mañana" será "ahora" en poco más de quince horas. Y estoy completamente convencido de que lo que siento y a lo que aspiro no habrá cambiado. Y en siete días, la semana que viene, será "ahora" de nuevo. Y, como dos y dos son cuatro, que lo que siento no habrá cambiado. En treinta días, "ahora" será el mes que viene y más adelante "ahora" será de aquí a un año. Y luego pasarán diez años, y entonces ni tú ni yo seremos la misma persona. De hecho, literalmente, no seremos la misma persona, ya que incluso las células que entonces formen nuestro cuerpo no serán las que ahora lo componen. Nuevas conexiones neuronales modificarán nuestra manera de pensar, nuestras emociones, nuestros pensamientos… Nuestras experiencias distintas o las mismas, pero interpretadas de forma diferente, irán haciendo poco a poco de nosotros seres nuevos que ahora mismo apenas conocemos.

–Entonces… ¿para qué intentarlo? Yo no quiero pasar de nuevo por lo mismo.

–No será lo mismo porque ni tú eres la misma y, desde luego, yo no soy quien en el pasado te hizo sufrir. No es intentar nada, ese es el cambio de pensamiento que te puede llevar a disfrutar de cómo nos estamos conociendo. No tenemos que intentar estar bien o tener complicidad porque ahora esto es una realidad y es justamente en el ahora que tenemos que vivir.

–Pero ¿y si más adelante nos enfadamos o nos desenamoramos? Habremos estado perdiendo el tiempo, seremos más mayores y de nuevo estaremos solos.

–No te puedo decir cómo seremos ni qué sentiremos el uno por el otro en el futuro y tú tampoco me lo puedes decir a mí. Lo que sí te puedo decir es que hoy soy un hombre feliz y que una parte importante de esta felicidad tiene que ver con estar junto a ti. Hoy te amo y sé que mi vida es mejor. –En el mismo momento en el que dije la palabra «amor», me di cuenta de su sorpresa.

–¿Me amas?

–Pues claro.

–¿No es muy pronto?

–¿Pronto para qué?

–Para decirnos que nos amamos.

–Nunca es pronto para decir a alguien que le quieres o que le amas, lo que muchas veces puede ser tarde, eso sí, pero pronto jamás.

–Es que yo una vez que amé…

–¿Me parezco yo a alguien a quien antes hayas amado?

–¡Para nada!

–Entonces no condiciones nuestra relación a lo que hayas vivido con anterioridad con otras personas. Tú y yo empezamos de nuevo. Sé que es difícil, pero es necesario esforzarse o de lo contrario terminamos castigando, sin quererlo, a quienes nos hacen felices en el presente como consecuencia de los que nos hicieron sufrir en el pasado.

–Lo siento.

–Nada. Yo te digo que te quiero porque te quiero. Ahora mismo es contigo con quien quiero estar. Hace mucho que me preocupa tu bienestar y me alegro cuando te veo bien, tengo ganas de pasar tiempo junto a ti, amanezco feliz sabiendo que tú estás, y por eso te quiero. Pero es que además me gusta mirarte, y cuando nos tocamos no siento solo tu piel, siento también tu alma. Tu olor me calma y me excita a la vez, me cuesta separar la vista de tus labios, de tu cuello… Me encanta cómo te colocas el pelo tras la oreja, siento electricidad cuando estás cerca. Me gusta cómo piensas, cómo hablas. Me haces sentir importante y a la vez frágil.

–Así que no me necesitas –dijo sonriendo.

–No, claro que no, ni tu tampoco me necesitas a mí. Eres una mujer lista, fuerte y capaz. Te he visto trabajar en el faro con frío, con lluvia, cansada… Eres capaz de dormir, como yo, sobre una tabla. Has cuidado de tu madre y estudiado. Has superado muchas dificultades. Tú te bastas, tienes todo lo que necesitas y yo también lo tengo. He vivido solo durante años en este apartado faro y he sido feliz. Pero que seamos capaces de estar bien solos no quiere decir que no podamos estarlo también en compañía.

–Ya, pero yo quiero tener hijos un día y aquí no se puede. No hay escuela ni hospital ni nada que les pueda permitir llevar una vida normal.

–Normal… ¿Acaso tu vida o la mía lo han sido? Vuelves a vivir en el futuro, está bien que podamos hablar acerca de lo que deseamos y que valoremos con cabeza si es algo en lo que estamos alineados. A mí también me gustaría en el futuro tener hijos y que vayan a la escuela. Es más, creo que juntos podríamos formar una familia, pero todo esto no pienso que tenga que ser ahora ni esta semana ni este mes.

–En eso estamos de acuerdo.

–No caigamos en la trampa de prometer en nombre de nuestros yos del futuro, no les hagamos a las personas en quien nos vamos a convertir esta mala pasada, que no tengan que cumplir ellas nuestras promesas.

»Puedes estar segura de que no voy a mentirte. Y por eso no puedo prometerte lo que voy a sentir o pensar o cuántos hijos querré tener de aquí a varios años. Eso sí, te diré que te amo con mucha frecuencia, todos los días, varias veces. Y espero que mientras tú lo sientas me lo digas también. Voy a trabajar para que lo que hoy siento no cambie, me esforzaré en hacerte feliz y te diré aquello que me preocupe o me entristezca para que podamos hablarlo antes de que la relación se deteriore. Y si ambos lo hacemos, lo que ahora sentimos será eterno y esa familia que anhelamos poco a poco se irá abriendo paso.

Vi en su mirada que mis palabras la tranquilizaban, aunque se notaba que el dolor del pasado seguía sin permitirle confiar del todo en lo que le decía. Tampoco era mi intención convencerla de nada, tan solo pretendía explicarle lo que sentía para que pudiera ir decidiendo lo que quería sin tener que andar adivinando lo que yo pensaba acerca de ella y mis emociones.

Sé que nos asusta desnudar nuestra alma, que nos hace sentir frágiles. Incluso que hay quien se lo toma como una agresión; todo lo contrario: compartir nuestros sentimientos es un acto de generosidad y confianza hacia la persona con la que los compartes, es entregarte por completo, confiar en la otra persona y darle aquello que no se puede ver a simple vista.

Es empezar a crear una intimidad sincera, no la de los besos, los abrazos o el sexo, sino la de quién eres, lo que piensas y tu ilusión. Resulta más fácil desnudar el cuerpo que hacer lo propio con nuestro corazón, pero ya hacía mucho que había dejado de actuar pensando en si me podrían dañar… En este faro no hay lugar para la desconfianza, así lo siento y así lo dije.

De sobra sabía que Mar, aunque confiaba en mí, no estaba preparada para ser del todo sincera, ni conmigo ni tampoco con ella misma.

18. El puerto

Pasaron algunas semanas y vi que lo que le dije a Mar acerca de ir viendo lo que sentíamos a cada momento le ayudó a ir recuperando la confianza.

Cada vez nos sentíamos más cómplices, no teníamos que aparentar nada. Porque esa era la magia del faro, no había que impresionar a nadie o pensar en el qué dirán.

El caso es que nuestra relación era romántica en todos los aspectos, excepto en uno: no habíamos llegado a intimar. Sí había gestos, como caricias o besos, que espontáneamente uno le regalaba al otro, pero sin ir a más. No puedo saber qué retenía a Mar, pero sí sé lo que me frenaba a mí: sentía un enorme respeto hacia el momento emocional que ella atravesaba y eso me hacía dudar acerca de la autenticidad de sus emociones.

¿Estaba realmente enamorada o, igual que se acercan los barcos al faro cuando la tormenta se complica, ella se estaba refugiando en mí?

Lo cierto es que cualquier navegante experto sabe de sobras que, si la cosa se complica, hay que alejarse de tierra firme para evitar embarrancar o, lo que sería aún peor, chocar con un arrecife y perder el barco con toda seguridad. El faro está ahí para advertir dónde no hay que acercarse, pero hay muchos incautos que, ante el temor que provoca el mar en plena tormenta, son atraídos por la luz del faro como una polilla a una bombilla. Cuántas veces debemos advertir que no es seguro acercarse a nosotros, que deben correr el temporal y hacerlo siempre que sea posible mar adentro. El mar te zarandea, te sacude, las olas pueden llegar a pasar por encima de tu velero, los rayos iluminan la cubierta pudiendo hacer temblar tu pequeña embarcación (todas las embarcaciones son pequeñas cuando el mar muestra su fuerza). Es en esos momentos en los que buscar cobijo en tierra firme es tentador, la seguridad del puerto, la calma del pantalán. ¿Cómo no dirigirse a tierra cuando el mar parece haberse propuesto hundir tu barco? Pero debes saber que si el mar se lo propone (igual que si se lo propone la montaña) nada puedes hacer. Los que pasamos tiempo en el mar sabemos que si lo hacemos es porque él nos deja, nunca luchamos contra él, ya que no se puede luchar contra quien es mucho más fuerte que tú… Hay que estar, dejarse llevar, aceptar que el temporal siempre pasa y confiar en que el mar entienda que lo respetas, que lo amas y que sabes que si permaneces en él es porque así lo quiere. Sin embargo, pobre de ti si pretendes huir y le das la espalda, si intentas acercarte a tierra para darle esquinazo sin que te vea, entonces es casi seguro que lanzará tu velero contra las piedras, sus olas se levantarán justo en la bocana del espigón y tu nave terminará chocando contra las rocas y rompiéndose como si fuera de cartón. Si entras en el puerto, no te creas que ha sido por tu pericia o por la suerte. Si a pesar de desobedecer al mar e intentar darle la espalda, te ha permitido ponerte a salvo es por lo insignificante que le pareces, porque siente vergüenza de quien no conoce sus reglas y esta vez ha preferido mirar hacia otro lado.

El caso es que esto que te cuento no es tan distinto de lo que sucede tras una relación fallida: te quedas solo y la tristeza te zarandea, te hace creer que puedes superarla, pero al cabo de un tiempo vuelves a revolcarte en la más profunda de las tristezas. Y a veces conoces a alguien que parece que puede darte la seguridad y la estabilidad que crees necesitar, pero no puedes acercarte a esa persona porque la tristeza también la envuelve como una tormenta, y es casi seguro que ese no será un buen puerto para entrar. Tampoco es buena idea buscar refugio en alguien por temor a permanecer en el temporal de tu tristeza durante más tiempo.

Eso no quiere decir que no haya puertos en los que cobijarse en la tormenta o personas en las que apoyarse tras el desengaño, pero hay que hacerlo convencidos de que es en realidad lo que necesitamos y no acercarnos a tierra tan solo porque tememos al mar.

En una ocasión navegué junto a un buen amigo decenas de millas pasando de largo casi diez puertos hasta llegar al que, por las dimensiones de su bocana y el resguardo que esta nos ofrecía, pudimos entrar con una cierta seguridad, agradeciendo al mar que en esa ocasión nos permitiera volver de nuevo a tierra con los nuestros.

Algunas personas que se cruzan en nuestra vida son como

estos puertos: unos aparentan ofrecernos cobijo, compañía y seguridad, pero en realidad se trata de personas en las que podemos confiar muy poco. Nos prometen seguridad, pero a la que nos acercamos nos damos cuenta de que no resulta tan sencillo. Otras, en cambio, son como esos puertos de amplia bocana, sinceras, honestas y abiertas, y podemos amarrar en ellas y curar con seguridad los desperfectos que hemos sufrido durante la travesía. Estas personas también se exponen al dejarnos entrar, pero entienden que el riesgo merece la pena.

Para alguien que había sufrido tanto como Mar, quizá yo era ese puerto que realmente le podía dar cobijo en medio de su tempestad, quizá esta vez la necesidad y la oportunidad habían coincidido, pero ¿cómo saberlo? Temía ser el que sin quererlo podía destruir de nuevo su ya frágil corazón, pero quería intentarlo. La amaba y de sobra sabía que una relación romántica también necesita de intimidad.

¿Qué hacer entonces? ¿Renunciar a nuestros sentimientos? ¿Hacerla sentir poco deseada? ¿Arriesgarme a dañarla de nuevo o ser coherente con el modo que tengo de ver la vida y ser sincero?

El caso es que al final pasó, sin proponérnoslo, una noche tras la cena, junto a la chimenea. Una caricia dio paso a un beso y este a otro más. Nos desvestimos como lo hacen dos jóvenes enamorados que están descubriendo el sexo por primera vez. Claro que no era la primera vez para ninguno de los dos, pero hacía ya tanto…

Estábamos tan nerviosos y dedicamos mucho tiempo a pensar cómo se sentiría el otro, qué hacer y cómo no molestar que, finalmente, no pasó nada. Mar se mostró titubeante y yo era incapaz de sentir su cuerpo o de prestar atención a su olor. Fue como si realmente fuéramos dos jóvenes vírgenes, fogosos, nerviosos y apasionados, pero incapaces de disfrutar ni de hacer disfrutar al otro.

Su cuerpo era aún más bello de lo que me lo había imaginado, pero el temblor de mis manos me hacía estar más pendiente de mi falta de tacto que de la suavidad de su piel. Ella parecía sentir lo mismo, cuando rompió el silencio con un:

–Lo siento.

–No, yo lo siento.

–Tal vez si…

–No, no es nada, ya será.

Hice todo lo posible por hacerle saber que nada tenía que ver con ella, aunque en realidad sí, pero no por falta de atracción. Créeme si te digo que jamás he conocido a una mujer que me atraiga más, no le podía decir que era por temor a hacerle daño, ya que eso hubiera despertado de nuevo sus fantasmas. No sabía qué hacer, qué complicado se había vuelto todo. Yo creía que hallar la felicidad solo en un faro era el mayor reto al que alguien se podía exponer, qué ignorante. El mayor reto es hacerse responsable de la propia felicidad y de la de tu compañera. En realidad, ahora que te lo cuento sé que no es un reto, es un imposible: nadie tiene la llave de la felicidad del otro. Solo siendo honesto puedes permitirle a tu compañera tomar las decisiones para hallar por ella misma su propia felicidad, si tiene la voluntad para ello y hacerlo.

Aunque estaba mucho mejor que cuando llegó al faro, Mar sentía de nuevo el miedo y la soledad, se esforzaba en estar bien, pero yo notaba que perdía la esperanza de tener la vida que anhelaba. Una vida en compañía, estable y, algo que en realidad nadie puede tener, sin riesgo a perderla.

El miedo a intimar de nuevo y no cumplir con las expectativas me aterraba. Pero ¿qué debía hacer? Si no lo intentábamos otra vez, estábamos predestinados a ser compañeros en el faro hasta que ella se decidiera a partir, y en esta ocasión ya sin la posibilidad de creer nuevamente en el amor. Y si lo hacíamos y el resultado no era bueno, tal vez perderíamos ambos la esperanza de ser la pareja que imaginábamos para el otro.

No fue hasta al cabo de tres o cuatro días cuando al anochecer Mar se estaba dando una ducha, esta vez con la puerta entreabierta. Estaba de espaldas y el cabello mojado le caía por los hombros y la espalda. Su cuerpo moreno, su pelo ondulado y su desnudez me excitaron, me acerqué a ella, le cogí la mano y tirando suavemente le di la vuelta. Ella tiró también de mí, con un gesto firme, y me metió vestido en la ducha. Desabrochó mi pantalón para desnudarme con rapidez y empezó a acariciar todo mi cuerpo.

Lo que sucedió no fue místico ni espiritual, fue carnal.

Desde ese momento todo cambió, nuestra relación era casi completa: éramos amigos, compañeros que compartían la tarea de cuidar el faro y sus alrededores y, ahora, por fin, también amantes.

19. Los pilares

De los cuatro pilares que deben formar una relación, yo creía que dos de los nuestros eran sólidos y que ambos sabíamos que el otro estaba aún por construir.

El primero de los pilares es el que se corresponde con los valores. La importancia que le damos a cada uno de los aspectos que forman parte de nuestra vida: cómo entendemos el trabajo, qué pensamos acerca de la familia, cómo nos relacionamos con los amigos, si consideramos que hay que hacer lo posible por ayudar a las otras personas o no… Los valores son los principios que guían a la persona y que, junto a sus rasgos, la hacen única. Cuando alguien te cae bien o mal, es en parte por sus rasgos, pero sobre todo por la importancia que le da a lo que tú consideras importante.

En este punto, Mar y yo estábamos muy alineados, nunca discutíamos por nada realmente importante, ya que en lo esencial estábamos de acuerdo. Las parejas o amistades que no coinciden en valores terminan por enzarzarse en discusiones cada vez que uno de estos valores en los que no coinciden aparecen en escena, o incluso peor, cuando uno de los dos tiene que renunciar a aquello que tanto le importa para evitar discutir. Coincidir en lo esencial no significa que todo lo viéramos igual, muchas veces debatíamos sobre el mejor modo de hacer algunas cosas del mantenimiento del faro o sobre si nos gustaba más tal o cual libro o película. Pero se trataba siempre de debates que, aunque interesantes, no implicaban discusiones acaloradas, ya que a ninguno de los dos le entristecía o enfadaba la opinión que el otro podía tener sobre el *Guardián entre el centeno* o *Los renglones torcidos de Dios*.

En cambio, cuando los desacuerdos son sobre la familia, política o religión, las personas se pueden sentir heridas o defraudadas por quienes quieren. Y, aunque esto no es siempre insalvable, cuando se trata de cuestiones que aparecen de manera muy frecuente y no se consigue llegar a un punto medio, pueden empezar a aparecer las faltas de respeto y uno de los dos puede quedar anulado; generalmente es quien en el pasado ya se ha visto obligado a dejar de lado sus prioridades o quien no soporta discutir o, tal y como sucede en la mayoría de los casos, prefiere renunciar a parte de lo que le hace ser quien es, y por lo tanto se traiciona a sí mimo, antes que poner en riesgo la relación que mantiene con la persona amada.

En nuestro caso, la relación era muy fuerte y ninguno sentía la necesidad de ceder en lo esencial ante el otro.

El siguiente de los pilares es la **sexualidad**. Sin sexo se puede ser compañeros o amigos; pero para ser pareja es necesario que existan conductas sexualizadas. Hay que sentir que el otro se siente atraído, que le despiertas interés en el plano físico y hacerle saber que por tu parte también existe este interés. Hay quien confunde la sexualidad con el coito, y son muchos quienes limitan la expresión del interés sexual al sexo, y eso suele llegar a deteriorar la relación, ya que parece que el único objetivo de dar alguna muestra de afecto es el de tener sexo y llegar al orgasmo.

Una vida sexual satisfactoria pasa por hacer frecuentes demostraciones de que sientes placer con la proximidad física e intelectual de la otra persona: caricias, besos, buscar la cercanía, masajes, coincidir en la ducha, demostrar lo cómodo y a gusto que te puedes sentir cuando estáis juntos, etc., son algunas de las demostraciones que se pueden dar con frecuencia. En el plano intelectual, sería expresar cuánto le quieres, cómo te gustaría poder estar más cerca o de qué modo echas de menos sus besos, caricias o hacer el amor, en caso de no estar juntos en ese momento. Esto no quiere decir que uno tenga que estar siempre encima o no respetar el espacio, simplemente es entender que la sexualidad abarca una caricia cuando pasas a su lado, un gesto, una palabra al oído, el coito, etc.

Mar y yo nos sentíamos muy cómodos en este punto. Una vez superadas las primeras dificultades, eran constantes los gestos de afecto y de complicidad entre nosotros. Además, ambos agradecíamos el contacto físico, aunque curiosamente en sociedad los dos teníamos tendencia a evitarlo.

Sé que a muchas personas les cuesta dar muestras de afecto. Esto, a menudo, es consecuencia de que en su infancia han vivido en entornos en los que o bien no había muchas demostraciones de afecto o estas estaban motivadas siempre por algún interés. No me refiero únicamente al sexual, aunque por desgracia también puede darse, sino al interés por parte de quien muestra afecto de compensar cómo se siente en ese momento. Hay quien busca la cercanía cuando se siente solo o triste, y eso hace que el otro relacione el contacto físico con este tipo de emociones. Lo sano desde el punto de vista emocional es acercarse a la otra persona para demostrarle amor, no para amortiguar una emoción desagradable. Ya que esto instrumentaliza al otro y le hace relacionar el contacto físico con emociones como la tristeza y la soledad. En cambio, es distinto cuando soy yo el que me acerco a alguien para consolarle con mi presencia y contagiar parte de mis emociones agradables en un momento en el que las necesita.

Si quieres a alguien y has crecido en un entorno emocionalmente sano, lo natural es que sientas bienestar estando cerca, algo que habrás integrado en tu conducta por aprendizaje vicario.

La palabra *vicario* viene del latín y la podríamos traducir por «transportar».

El aprendizaje vicario consiste en la adquisición de conocimientos y habilidades mediante la observación de otras personas. Este aprendizaje puede ser consciente, en caso de prestar atención a un experto con el objetivo de copiar su modo de hacer, o inconsciente, cuando adaptamos las maneras y estilos de las personas con las que nos hemos ido relacionando a lo largo de la vida sin darnos cuenta. Este concepto parte de las bases que estableció Bandura con su teoría de «el aprendizaje social».

Las neuronas espejo, que son las encargadas de hacernos sentir la emoción ajena como propia, nos ayudan a sentir en nosotros parte de la sensaciones de la persona que en el futuro imitaremos.

Mientras que una parte del aprendizaje vicario es consciente y voluntario, hay otra parte relacionada con estas neuronas que escapan a nuestro conocimiento, y pueden llegar a ser conductas por imitación, sin ser conscientes de cuándo ni de quién las hemos aprendido.

Es habitual que las personas a las que les cuesta intimar y mostrar afecto no hayan tenido referentes sanos de los que aprender a relacionarse con los demás amorosamente, mientras que quienes han tenido referentes de amor romántico, repiten las conductas aprendidas con sus parejas.

Algunas personas, de manera inconsciente, solo saben relacionarse a través de muestras de intimidad, que no son las propias de relaciones no románticas. Esto suele alejar de ellos a los que tienen intención de mantener una amistad sincera y acercar a los que pretenden aprovechar esta situación para dar salida a alguna de sus pulsiones o simplemente aumentar su ego. Aquí de nuevo no hablo solo de sexo: amigos que parecen parejas, familiares con contactos inapropiados, compañeros o subordinados que en el trabajo tienen conversaciones o muestras de afecto que no se corresponden con lo que podemos considerar apropiado en un entorno laboral, profesores y alumnos, médicos y pacientes y un largo etcétera de ejemplos, que a veces tienen poca trascendencia y otras son el caldo de cultivo para que en el futuro se relacionen de manera insana con el contacto físico y la sexualidad.

Una de las dificultades a la hora de valorar si se trata de una conducta sana desde el punto de vista emocional es la de juzgar la situación no en primera persona, sino como si me lo comentara alguien que conozco. Por ejemplo, si yo me siento muy atraído por mi jefe, me puede parecer excitante mantener una relación con él, pero si una amiga me cuenta esto mismo, es fácil que le recomiende prudencia, ya que puede ser una relación que ponga en riesgo su empleo y su familia, en caso de tenerla.

Las emociones nos hacen creer que aquello que nos ilusiona es bueno para nosotros y la realidad es que lo agradable y lo conveniente no siempre van de la mano.

Otro de los pilares es el proyecto. Es muy difícil que una relación se pueda mantener durante periodos muy largos si no se tienen objetivos comunes, ya que los valores son suficientes para una amistad, pero no para una relación de pareja. La atracción tiene un componente emocional muy grande y por lo tanto variará mucho en función de cómo nos sentimos en ese periodo. En cambio, los proyectos nos permiten tener nuestros intereses alineados a medio y largo plazo.

Mar y yo no teníamos demasiados proyectos, pero sí había

uno que nos alineaba día a día: el cuidado del faro. Y, por el momento, con este nos bastaba, aunque ambos teníamos muy claro que otras parejas con objetivos como tener hijos, comprar una casa o programar su vejez tenían una cierta ventaja.

El último de los pilares, y quizá el más importante, es el de la confianza. Consiste en saber que la otra persona comparte todo aquello que considera importante para uno mismo y para la pareja. No se trata de decirlo todo, ya que esto muchas veces implica dañar a quien queremos, se trata de compartir aquellos aspectos importantes para ambos, de modo que no se construya una relación sobre un engaño.

Este era el punto que, aunque yo no era consciente de ello, más malestar nos estaba creando. Hasta que un día, tras la cena, Mar rompió a llorar.

–¿Qué te pasa, Mar? ¿Has tenido alguna mala noticia?

–No.

–¿He hecho algo que te haya entristecido?

–Qué va, Javi, todo lo contrario. Te portas genial conmigo y te quiero como nunca había pensado que se podía querer a alguien, no es culpa tuya, soy yo…

–¿Tú? ¿Por qué?

–No he sido completamente sincera contigo y cada vez me siento peor por ello.

–¿Quieres compartir conmigo lo que te preocupa?

–Temo que si te lo digo no quieras seguir conmigo…

–¿Tiene que ver con hacer daño a alguien a quien aprecio?

–No.

–¿Supone un prejuicio importante para el faro o para las embarcaciones que navegan por estas aguas?

–No, claro que no.

–Entonces…, Mar, si no es ninguna de estas cosas, debes saber que podremos solucionarlo.

–¿Cómo puedes estar tan seguro?

–Aunque nunca te lo he dicho, cuando una relación es para mí importante, y esta que mantenemos nosotros lo es y mucho, preparo siempre tres listas: una que me recuerde por qué me agrada esa persona, en tu caso, es tu espontaneidad, tu esfuerzo, tu atractivo, tu inteligencia, lo generosa que eres con la gente, las ganas que tienes de aprender, tu relación con la naturaleza y alguna cosa más que me reservo para mí. Esta lista me ayuda a recordar por qué soy tan afortunado de compartir mi tiempo y el faro contigo.

»Tengo también otra lista de cosas que, aunque no me gustan del todo, en realidad no son lo bastante importantes como para poner fin a nuestra relación…

–¿Sí? –interrumpió Mar.

–Sí, entre adultos siempre hay cosas que no son del todo de nuestro agrado. Aunque me encanta cómo eres, también hay cosas que preferiría que hicieras de un modo distinto.

–Ah, ¿sí? Dime cuáles.

–Claro. No sueles cocinar. A veces, cuando estás nerviosa o tienes miedo, levantas la voz. No sueles compartir tus pensamientos y emociones y son muy pocas las ocasiones en las que dices que me quieres. Sé que no tiene que ver conmigo, ya que tampoco lo dices de tu familia o amigos.

–Ostras, qué mal…

–No, Mar. Somos adultos y nos hemos conocido con nuestras personalidades ya hechas, es normal que no nos agrade todo del otro, por eso es bueno recordarse a uno mismo que, aunque algunas cosas de nuestro compañero no nos gustan, son muchas más las que sí. Por último, hago siempre una lista de lo que pondría fin a la relación.

–Entonces piensas que vamos a romper…

–Todo lo contrario. El objetivo de esta lista es decirme a mí mismo que, a menos que suceda una de las tres cosas que te he dicho: hacer daño queriendo a alguien que aprecio, perjudicar el faro o los barcos que de él dependen, o ir en contra de mi prestigio como persona o profesional, todo lo demás se puede solucionar. Es una lista que me ayuda a no tomarme demasiado en serio cosas que en realidad carecen de importancia.

»Llevo mucho tiempo solo en el faro y es fácil que algunas cosas que puedan ser muy poco molestas me parezcan intolerables. De este modo, cuando algo me resulta insufrible me pregunto, ¿es una de esas tres cosas? Y al ser la respuesta que no, consigo quitarle una importancia que en realidad no tiene y no le doy más vueltas.

–Creo que lo entiendo, pero sigo temiendo que no me perdones si te lo digo.

–Solo hay un modo de saberlo… Además, por lo que veo, tampoco parece que sea un secreto que estés dispuesta a mantener oculto durante mucho más tiempo…

–Tienes razón, te lo diré.

20. El motivo

Mar continuó nerviosa:

—El día que nos conocimos, yo no vine con la intención de saltar por el precipicio, eso es algo que pensé una vez que estuve aquí, después de enterarme de algo.

Tengo que reconocer que empezaba a sentirme realmente intrigado. ¿De qué podía haberse enterado aquí, alejada de todo, que le hubiera llevado a querer quitarse la vida, cuando había venido con otra intención?

Pero poco duraría mi intriga:

—De hecho, ya sabes que me avergüenza mi reacción, pero el dolor que sentía era tan grande que creía que suicidarme era la única opción. No fue una casualidad que viniera a este remoto lugar. Unos pocos días antes de venir, fui a comprar a la pescadería del barrio unos filetes de salmón. No tiene importancia lo que compré, pero lo recuerdo como si hubiera pasado hoy mismo. Mientras Carmen, la encargada de la pescadería, me envolvía con maña el pescado fileteado, me dijo: «Nena, no sabes a quién vio el capitán del barco que nos trae el pescado, a tu padre Juan».

–¿A Juan? –Entonces empecé a entenderlo todo–. ¿Mi juan?

–Sí… Solo que en realidad es mi Juan.

–¿Cómo?

–Juan, tu amigo, el que te enseñó a disfrutar de la vida y a ser feliz en este remoto lugar, era mi padre. La pescadera me contó que el capitán del barco le había hablado hacía tiempo de un farero. Que, hablando por radio, el capitán le había dicho al farero que comerciaba con la pescadería de Carmen, entre muchas otras. El farero le había dicho que hacía años, casi en otra vida, él había vivido en el barrio de Carmen, pero que no le dijera nada. Por lo visto, el capitán rompió su promesa al cabo del tiempo porque estaba preocupado por Juan, pero no le dijo a Carmen el motivo y ella me lo contó a mí.

»Yo no sabía nada de mi padre desde la muerte de mi madre y, aunque estaba muy enfadada con él, la posibilidad de verlo de nuevo era más fuerte que el rencor que podía sentir, así que dejé el trabajo, preparé la maleta y me vine para aquí.

»El viaje duró dos días, primero un autobús y luego dos aviones, además de las largas esperas para hacer los enlaces. A medida que las horas pasaban, yo estaba cada vez más contenta de volver a ver a mi padre, imaginaba cómo sería el reencuentro, repasaba una y otra vez la conversación que tendríamos. Él se emocionaría al verme por sorpresa, me pediría perdón por haber estado ausente tanto tiempo y yo le diría que no importaba, que ahora podríamos estar juntos y recuperar los años perdidos.

»Repasaba una y otra vez nuestro reencuentro, era cada vez

más feliz imaginando cómo sería estar con él de nuevo, podría por fin estar con mi padre. Yo sé que era una buena persona y, aunque desconocía el motivo por el que nos abandonó, estaba segura de que tenía que ser realmente bueno. Además, lo que siempre le había alejado de nosotros, el trabajo, parecía que ya no era un impedimento. Mi madre jamás habló mal de él y yo tampoco tenía ningún mal recuerdo de cuando era pequeña. El caso es que cuanto más pensaba en ello más feliz me sentía, podía ya imaginarme a los dos en el faro, poniéndonos al día de todo y viviendo juntos por algún tiempo. Pero, poco antes de llegar al faro, el taxista que me dejó junto al camino dijo algo que empezó a preocuparme…

–¿Qué te dijo? –le pregunté.

–Cuando le comenté que iba a ver al farero, me preguntó si era mi novio y yo, riendo, le dije que no, que era mi padre. Y él con sorpresa dijo: «¿Javi?». Yo le dije que no conocía a ningún Javi, que Juan era mi padre. Entonces pude ver en el espejo retrovisor que le cambiaba la cara. Cuando le insistí en saber quién era Javi y qué pasaba con Juan, mi padre, el taxista me dijo que, si buscaba al farero, debía ir al final del camino y ahí encontraría todas las respuestas.

–Pedro, el taxista, ha sido siempre muy prudente y respetuoso con todo lo relacionado con tu padre. Cuando yo vine aquí por primera vez, también tuve una conversación algo extraña con él.

–Después de dos días imaginándome cómo sería recuperar la relación con él, empezar de cero, vivir en el faro y tener de nuevo una familia, la conversación con Pedro sembró muchas dudas en mí y comencé a tener un montón de malos pensamientos. Pasé de imaginar una nueva vida feliz y carente de preocupaciones a pensar que estaría siempre sola. Había perdido otra vez la oportunidad de tener una familia, no tenía trabajo, había perdido a mis padres para siempre... En unas pocas horas había pasado de tenerlo todo a perderlo todo.

—Cuando tú partiste de casa, hacía ya tiempo que tu padre había fallecido.

—Ya, pero yo no lo sabía. Es curioso que pueda afectarnos tanto creer perder lo que en realidad no teníamos...

—Entiendo la tristeza que te supuso saber que tu padre podía haber fallecido. ¿Fue eso lo que te llevo al borde del acantilado?

—No del todo, en realidad fue la belleza de este lugar.

—¿Cómo?

—Sí, yo me esperaba un lugar oscuro, donde no apetecía vivir, y me encontré un precioso faro con esta preciosa casa blanca y los márgenes cuidados. Cuando vi lo bonito que era esto, me imaginé a mi padre aquí feliz, y entonces te vi a lo lejos y entendí que habíais estado viviendo juntos... Tú habías vivido con mi padre lo que yo me perdí, él te escogió a ti, me di cuenta de que nos debía detestar y prefirió pasar su vida con otra persona, contigo, un desconocido, alguien que no era de su familia, y eso fue lo que más me dolió. Podía soportar que nos dejara para estar solo, incluso llegué a pensar que quizás había enloquecido, antes de que Carmen, la de la pescadería, me contara que un pescador supo de él. Me consolaba pensando que estaba muerto o encarcelado, que no nos había dejado, sino que no podía volver, por algún motivo más allá de su voluntad, pero lo cierto es que no, simplemente prefería estar en este viejo faro contigo antes que en casa con nosotras, su familia.

–Siento mucho esto que me cuentas. Puedo imaginar lo mucho que te entristeció, pero hay algo que no entiendo, tu padre me hablaba a menudo de sus hijas y su esposa, pero ninguna de sus hijas se llamaba Mar.

–Ah, sí, perdona, Javi. Es que cuando me preguntaste por mi nombre, no me oíste bien. Dije Marina, pero, tú oíste solo Mar y nunca te corregí, prefería ser Mar que Marina, creo que cambiar de nombre me ayudó a pasar página y a empezar a construir una nueva persona.

21. La carta

Rápidamente me acordé de algo muy importante.

–Entonces, si tú eres Marina, tengo algo para ti –dije. Y me fui apresuradamente a buscar una carta que Juan había dejado para ella.

La vi tras su muerte en el cajón de su escritorio, estaba junto a otras dos cartas. En un sobre cerrado ponía «Para Marina».

Se emocionó muchísimo cuando se la entregué.

Se sentó en el orejero, la abrió despacio y la leyó.

La carta decía así:

Querida hija:

Se me acumulan los pensamientos, son tantas las cosas que quiero decirte y tan difíciles de expresar todas ellas… Si pudiera, te abrazaría con fuerza, te pediría perdón desde lo más profundo de mi corazón y tú verías en mis ojos que es una disculpa sincera.

Puedo imaginar lo mucho que has sufrido al hacerte cargo de tu madre y cuánto me debes haber extrañado. Escribo esta carta más para mí que para ti, ya que ni siquiera sé si algún día vendrás a este recóndito lugar a buscar lo que queda de mí.

Me he decidido a escribirla porque ayer hablé con Jaime, el patrón de uno de los barcos de pesca que aprovisionan a Carmen, nuestra pescadera. Hablamos por radio largo y tendido del barrio, de la pescadería y, naturalmente, de tu madre, de tu hermana y de ti.

Todos los días pienso en vosotras, en qué será de tu hermana y de ti, en cuánto podría haber hecho por tu madre, mi esposa, y en cómo me engañaba pensando que cumplía con mi obligación al trabajar para pagar los gastos de su cuidado y de vuestros estudios y manutención. Solía decirme a mí mismo que gracias a mi trabajo no os faltaba de nada... Qué equivocado estaba y qué lejos de darme cuenta.

Imagino tu sorpresa al enterarte de que había dejado mi trabajo como directivo en la multinacional para cuidar este viejo faro. Para entenderlo, hay algo que debes saber: cuando eras pequeña, tu madre y yo disfrutábamos muchísimo de ti y de tu hermana, éramos una familia muy feliz, pero poco a poco el trabajo fue ocupando cada vez más tiempo en mi vida.

Ganaba más dinero, pero pasaba más horas fuera de casa, no porque no os amara, sino por todo lo contrario... Se me partía el alma cada vez que me marchaba después de pasar unos días en casa y, al final, me convencí equivocadamente, que estabais mejor sin mí, de que lo mejor que os podía dar era el dinero para que tuvierais la vida que yo no tuve.

Fue entonces cuando tu madre enfermó, las facturas médicas se acumulaban y temía que si dejaba el trabajo para estar con vosotras tendríais que dejar los estudios y posiblemente vender la casa para ir a vivir a una más pequeña y alejada de vuestros amigos, pensaba que, de hacerlo, no me lo perdonaríais.

Tras la muerte de tu madre, tomé la decisión de dejar el trabajo para estar con vosotras dos, aunque sé que solo tú permaneciste en casa cuidando de mamá. No culpo a tu hermana, ella solo hizo lo que yo, no estar para sentir menos. Qué injustos hemos sido contigo, que has soportado sola una carga que entre tres hubiera sido mucho más llevadera.

Antes de dejar el trabajo, aprovechando la cobertura de un seguro médico de directivo que iba a dejar de tener, me hice un chequeo completo, y cuál fue mi sorpresa cuando me informaron de que padecía una grave enfermedad y que se encontraba en un estadio muy avanzado, ya intratable.

No me lo podía creer, cuando por fin tomo la decisión de volver a casa, averiguo que, si lo hago, solo seré una carga. Por este motivo, no volví y vine a este faro a pasar mis últimos años de vida. Por nada del mundo quería cargarte de nuevo con la responsabilidad de tener que cuidar de alguien. No sé qué hubieras preferido, pero yo no podía ni imaginar que volvieras a detener tu vida otra vez, en este caso, para cuidar de mí.

Eres una joven maravillosa, inteligente, buena y un poco terca; debes saber que esto te hace aún más especial.

Imagino que, si estás leyendo esta carta, es porque Javi te la ha entregado. Es un buen muchacho, en muchos aspectos se parece a ti. Con él he podido ser yo mismo una vez que me me he deshecho de la codicia y el rencor que durante tantos años me han intoxicado.

Ojalá él pueda compartir contigo las anécdotas y los recuerdos del tiempo que pasamos juntos en el faro. Nada me hubiera alegrado más que compartirlos personalmente contigo, pero la vida no siempre nos ofrece lo que queremos o necesitamos, y cuando uno espera demasiado para tomar determinadas decisiones, a veces acaba siendo demasiado tarde.

Sé que no tengo derecho a decirte lo que tienes que hacer y que no es justo que te pida que actúes en tu juventud tal y como yo he aprendido a actuar en mi madurez. Pero si puedes pasar un tiempo en este faro, verás que, cuando te alejas del ruido de la ciudad, de la toxicidad de algunos medios y de la influencia de codiciosos y envidiosos, aparece tu verdadera esencia.

Tu padre, que te quiere,
Juan

Mientras Mar leía la carta de Juan, yo permanecí fuera sentado en el escalón de la puerta para darle espacio en un momento tan personal como este. Ella salió, se sentó junto a mí, apoyó su cabeza en mi hombro y apretó mi mano mientras una lágrima recorría su mejilla.

No dije nada, solo estaba.

Pasamos un largo rato sentados en silencio hasta que me dijo:

–Quiero que me hables de mi padre, que me cuentes cómo fue la vida aquí junto a él, qué te contó, qué aprendisteis, lo quiero saber todo… –Y rompió a llorar.

Y así lo hice, le hablé de quién era su padre: un ser humano excepcional, cómo me había ayudado a mí y a tantas otras personas y cuánto le respetaban los hombres de mar y la gente del pueblo.

En los días que siguieron, compartí con ella su sabiduría, la calma con la que hablaba y todas sus enseñanzas; aprovechaba cualquier oportunidad para compartir con ella curiosidades, anécdotas y lecciones aprendidas junto a Juan.

Ella siempre escuchaba con atención, a veces con curiosidad, otras con envidia, pero siempre atenta.

Desde ese momento nuestra relación mejoró mucho y ella poco a poco fue haciendo las paces con su padre.

En cierta ocasión me dijo que, aunque hubiera preferido que hubiera pasado el final de su vida junto a ella, comprendía que no lo hiciera.

Por fin, padre e hija habían hecho las paces, y fue entonces cuando empezó una nueva vida para nosotros.

A ti, lector

Gracias por acompañarnos de nuevo durante estas páginas.

En caso de ser este el primer libro que lees acerca de las experiencias vividas por nuestros protagonistas y las lecciones que nos enseñan, vinculadas a la psicología, estás a tiempo de leer *El aprendiz de farero* en el que conocerás los motivos que llevaron a Javi al faro, la relación que tuvo con Juan y lo que aprendió durante sus primeros años allí.

Permítenos que, a modo de resumen, te hagamos llegar algunas de las reflexiones que hemos intentado plasmar durante el relato y que esperamos que te puedan acompañar de ahora en adelante.

1. No hay maestro sin aprendiz

Por más experto que seas en alguna actividad o área en concreto, solo transmitiendo este conocimiento a otras personas podrás desarrollar todo tu potencial. Además, a medida que enseñas, también aprendes, ya que es necesario encontrar el mejor modo de explicar las cosas, y eso te obliga a ordenar, describir y justificar cada uno de los procesos que realizas para llevarlo a cabo, lo que te permite, por un lado, repasar el procedimiento y, por otro, corregir y mejorar todos los aspectos que se sostenían en el hábito y no en la eficiencia.

2. El duelo es un proceso largo

El duelo arranca con la pérdida de algo o de alguien muy querido y solo termina cuando hemos conseguido modificar en parte el significado que le damos a la pérdida.

Este proceso necesita de tiempo y, por más recursos que una persona pueda tener, tendrá que ir superando de manera progresiva cada una de las fases del duelo hasta llegar a reinterpretar gran parte de las situaciones en las que la pérdida tenía una participación.

No podemos hablar de mejorar o empeorar tras la pérdida, pero sí de crecimiento; cuando esta situación la integramos correctamente en nuestra vida, las prioridades cambian tendiendo a alinearse con nuestras prioridades y valores. Solo siendo conscientes de que todo llega a su fin, podemos disfrutar del tiempo en el que está presente y del recuerdo tras la pérdida.

3. La necesidad del autoconocimiento

Es necesario un trabajo de autoconocimiento para aprender que parte de la comunicación con los demás tiene que ver con nuestra historia de vida y experiencias recientes. Este trabajo necesita de un tiempo en soledad para poder analizar nuestras emociones y pensamientos sin la influencia de terceros. No quiere decir que tengamos que ir a vivir a un faro, pero sí aprender a pasar tiempo solos sin sentirnos por ello nerviosos o preocupados.

Solo quien es capaz de disfrutar de su propia compañía podrá aportar un acompañamiento reparador a quienes le rodean.

4. Los pensamientos

No tenemos control sobre gran parte de nuestros pensamientos, estos vienen y van en función de los estímulos que escapan a nuestra voluntad y acontecimientos relacionados con el azar. Dar mucha importancia a estos pensamientos, cuando pueden resultar tóxicos, hace que el malestar que puedan provocar se convierta en intolerable y el pensamiento pueda terminar en obsesión. Identificarlos como lo que son, ideas fugaces muchas veces alejadas de nuestros valores o de nuestras intenciones, nos permite coger distancia suficiente y disminuir en gran medida el dolor que pueden provocarnos.

5. Conocer a los demás

Solo conociendo la vida de alguien podremos entender sus miedos, ilusiones y comportamientos. Por más injustificados que te parezcan las opiniones o los actos de alguien piensa que, de haber vivido su vida, seguramente estarías en un punto muy cercano al de esa persona. No justificamos los malos comportamientos, pero aprendemos a entender lo que los motiva.

6. La ayuda

A la hora de ayudar a los demás, nuestro objetivo es el de tender la mano, pero no podemos obligar a que la otra persona la utilice para sostenerse. Solo cuando quien sufre se siente preparado puede aprovechar la ayuda que se le presta. Insistir con prisas en que acepte nuestra ayuda terminará por generar en el otro nerviosismo e incomprensión y en nosotros frustración. No hay mejor modo de ayudar que estando ahí al tiempo que permitimos a la otra persona tener su espacio y decidir el momento oportuno para aceptar nuestra ayuda. Es difícil, pero entre adultos no hay mejor manera.

7. Experiencia e interpretación

Las personas interpretan el mundo a partir de sus experiencias pasadas. Cada una de las relaciones fallidas nos lleva a anticipar el fracaso en la siguiente, del mismo modo que cualquier comportamiento que se pueda parecer, aunque sea remotamente, a los realizados por otras personas en el pasado, nos llevarán a identificar la conducta y la motivación de quien la hace como si se tratara de la experiencia anterior.

8. Los pilares

Las relaciones de pareja no se pueden sostener tan solo en un pilar. Ni el sexo ni la amistad ni los valores ni los proyectos son suficientes por sí solos para mantener una relación sana. Cuando varios de estos aspectos coincidan, a poder ser todos, sí podrá darse una relación con proyección y que aporte equilibrio y felicidad a las dos personas.

9. La interpretación del mundo

Vivimos en función de lo que creemos saber del mundo que nos rodea. Son muchas las ocasiones en las que aquello que nos genera malestar no ha pasado o bien no ha sucedido por los motivos que nosotros creemos. La interpretación que solemos hacer de lo que sucede a nuestro alrededor acostumbra a estar manchada por prejuicios, complejos y experiencias del pasado. Evaluar con objetividad y distancia nos permite acercar lo que ha sucedido a lo que nosotros interpretamos de lo sucedido.

10. *Eudaimonia*

El principal objetivo de las personas debería ser la búsqueda de la *eudaimonia*. Para conocer el término, nos tenemos que remontar a la antigua Grecia. El significado va más allá de los conceptos de felicidad o de bienestar. Para el pensamiento aristotélico, hacía referencia a una vida plena, es un concepto relacionado con la moral y la sabiduría. El término se traduciría por «buen espíritu», de manera que la felicidad eudaimónica es aquella que implica el trabajo personal y el ayudar a los demás.

La casualidad ha puesto *El maestro* en tus manos,
pero ha sido tu voluntad la que te ha llevado hasta
la última página.

Ahora es el momento de convertir lo aprendido en conductas
que modificarán tus hábitos, y pronto estas terminarán
por cambiarlo todo.

Recuerda que no hay maestro sin aprendiz.
Haz llegar lo que aquí has aprendido a quien pueda necesitarlo.

¡Bienvenido al camino del maestro!

Bibliografía

Argyle, M. *La psicología de la felicidad*. Alianza Editorial, Madrid, 1987.

Aristóteles. *Ética a Nicómaco* [trad.: J. Palli]. Editorial Gredos, Madrid, 1985.

Asociación Americana de Psiquiatría, *Guía de consulta de los criterios diagnósticos del DSM 5*. Arlington, VA, Asociación Americana de Psiquiatría, 2013.

Avia, María Dolores, y Vázquez, Carmelo. *Optimismo inteligente: psicología de las emociones positivas*. Alianza Editorial, Madrid, 2013.

Bandura, A.J. *Teoría del aprendizaje social*. Prentice Hall, Englewood Cliffs, Nueva Jersey, 1977.

Berko, J., y Bernstein, N. *Psicolingüística*. Editorial McGraw Hill, Madrid, 1999.

Bonet, J.L. *Cerebro emociones y estrés*. Ediciones B, Barcelona, 2014.

Burns, D. *Sentirse bien*. Ediciones Paidós, Barcelona, 1980.

Byrne, Rhonda. *El Secreto*. Ediciones Urano, Barcelona, 2007.

Dember, W., y Warm, Joel S. *Psicología de la percepción*. Editorial Alianza Psicología, Madrid, 1990.

Frankl, Viktor. *El hombre en busca de sentido*. Herder, Barcelona, 2015.

Galindo, Enrique, y Celada, Francisco José. *Dejar de sufrir o dejar de vivir*. Grupo Editorial Anaya, Madrid, 2013.

Goldstein, E. Bruce. *Sensación y percepción*. Editorial Debate, Madrid, 1992.

Goleman, Daniel. *Inteligencia emocional*. Editorial Kairós, Barcelona, 1996.

Hanson, Rick. *Cultiva la felicidad*. Ediciones Sirio, Málaga, 2015.

Harari, Yuval Noah. *Sapiens. De animales a dioses*. Editorial Debate, Barcelona, 2015.

Hare, Robert. *Psychopathy: Theory and Research*. John Wiley & Sons Inc., Nueva Jersey, 1970.

—. *Without Conscience: The disturbing world of the Psychopaths among us*. Guilford Press, Nueva York, 1999.

Jackson, Stanley W. *Historia de la melancolía y la depresión*. Turner, Madrid, 1986.

Kramer, Peter D. *Contra la depresión*. Seix Barral, Barcelona, 2006.

Kübler-Ross, Elisabeth. *Sobre el duelo y el dolor: cómo encontrar sentido al duelo a través de sus cinco etapas*. Luciérnaga, Barcelona, 2013.

Labrador, F., Cruzado, J.A., y Muñoz, M. *Manual de técnicas de modificación y terapia de conducta*. Editorial Psicología Pirámide, Madrid, 2008.

López Rosetti, Daniel. *Emoción y sentimientos*. Ariel, Barcelona, 2018.

Organización Mundial de la Salud [internet]. OMS, cop. 2020.

Piñol, J. *El bienestar emocional*. Editorial Kairós, Barcelona, 2020.

Piñol, J., y Savin, J. *El aprendiz de farero*. Editorial Kairós, Barcelona, 2022.

Puig, Inma. *La revolución emocional*. Editorial Conecta, Bogotá, 2019.

Punset, E. *El viaje a la felicidad: las nuevas claves científicas*. Ediciones Destino, Barcelona, 2006.

Real Academia Española. *Diccionario de la lengua española*, 23.ª ed., [versión 23.7 en línea].

Savin, Javier. *El último viaje*. Círculo Rojo, Almería, 2020.

Seligman, Martin E.P. *La auténtica felicidad*. Ediciones B, Barcelona, 2005.

Sternberg, Robert. *El triangulo del amor: intimidad, pasión y compromiso*. Editorial Paidós, Barcelona, 2000.

Wiesenthal, S. *Los límites del perdón*. Ediciones Paidós Ibérica, Barcelona, 1998.

Zimbardo, P., *et. al. Stanford prison experiment: A simulation study of the psychology of imprisonment*. Stanford University, 1972.

Puede recibir información sobre
nuestros libros y colecciones inscribiéndose en:

www.editorialkairos.com
www.editorialkairos.com/newsletter.html

Numancia, 117-121 • 08029 Barcelona • España
tel. +34 934 949 490 • info@editorialkairos.com